神野健哉 [著]
Kenya jinno

Python
で
プログラミングして
理解する
機械学習
アルゴリズム

近代科学社

まえがき

　インターネットを通じて様々な契約や決済などが行われる電子商取引「e
コマース（EC）」の発展によって、インターネットでの物の売買などが盛
んになり、実店舗が不要となることで店舗の維持費や人件費の削減などが
行われた。が、同時にこれらの取引情報から実際の商品の動向や、消費者
各個人の嗜好などまでが解析されるようになった。例えば、ある A という
商品を購入した消費者の多くが B という商品にも興味を示すことをこれま
でのデータから解析し、B という商品の購入を推薦するレコメンドシステ
ムなどである。

　従前のこれらの手法ではデータアナリストと呼ばれる人間がこれまでの
データを解析し、各個人の嗜好に基づいた購買予測モデルなどを構築して
きたが、近年では蓄えられたデータを自動的に解析する手法が急速に発展
してきた。この手法が「機械学習」(Machine Learning) と呼ばれるアルゴ
リズムである。

　「機械学習」という言葉は IBM の Arthur Lee Samuel 氏が 1959 年に提
唱したもので、「明示的にプログラムしなくても学習する能力をコンピュー
タに与える研究分野」を指す言葉であると定義している。1959 年は商用コ
ンピュータがようやく世の中に登して間もない頃である。すなわちこの当
時から「コンピュータが与えられたデータに基づき、処理方法を学習で獲
得する」という目的遂行のため様々な手法、アルゴリズムが提案されてき
ていた。それがここ数年で非常に注目を集めるようになった一因は、イン
ターネットの発展に伴う、いわゆる「ビッグデータ」と呼ばれる非常に大規
模なデータが容易に手に入るようになったこと、これらを記録する補助記
憶装置の記憶容量が飛躍的に増大し、また PC の処理能力も飛躍的に向上
したことによる。特にコンピュータグラフィックス用に開発された 3D グ
ラフィックスの描画のための計算を専用に行う Graphics Processing Unit
(GPU) をデータ処理のために使用することによって、行列演算が並列に数
年前のスーパーコンピュータ並みの速度で行うことができるようになった
ことが大きい。これによって、これまでは理論的には計算はできることが
分かっていても実際にビッグデータに適用できなかったアルゴリズムを実
際に計算ができるようになり、ビッグデータを処理することで新たな知見

が得られるようになってきたのである。

　本書ではそのような「機械学習」のアルゴリズムがどのようなものであるかを解説し、実際にプログラムを実装することでそれらのアルゴリズムの動作を理解することを目指す。まずは黎明期からの機械学習アルゴリズムを理解し、それを実装することが目標である。

　機械学習のプログラムは近年、様々な言語で様々なライブラリ・モジュールが提供されており、それらを使用することで簡単に機械学習アルゴリズムを試すことができる。特にプログラミング言語 Python 用には様々な機械学習用モジュールが提供されており、容易に機械学習アルゴリズムを試用してみることが可能になっている。これらのモジュールを単に使用するだけでは機械学習アルゴリズムがブラックボックス化してしまい、その計算結果の意味を正しく捉えることが困難である。一方、アルゴリズムを理解した後であれば、機械学習モジュールを使用することでプログラムの生産性が上がり、かつバグの発生を極力排除することが可能となる。またこれらのモジュールを正しく使うことでビッグデータやそれを処理する GPU も取り扱うことができるようになる。このため本書では Python 用の機械学習モジュールの使用法も解説し、これらを使用したプログラムの作成も行う。

　なお、本書にある「program」のソースコードは近代科学社のサポートページからダウンロードできる。

　本書は東京都市大学情報工学部知能情報工学科で開講している専門科目「機械学習」、東京都市大学大学院総合理工学研究科情報専攻および法政大学大学院理工学研究科電気電子工学専攻で開講している「機械学習特論」での講義を基に執筆した。本書は 12 章で構成しているが、8 章「サポートベクターマシン」および 9 章「パーセプトロンとロジスティック回帰」を 2 分割することで 14 回の講義に対応する。

　本書が皆様の「機械学習」理解の役に立つことを願っている。

2022 年 1 月

神野 健哉

目　次

1 章　データに基づいた解析・機械学習とは ………………………………………… 1
  1.1　機械学習とは 2
  1.2　機械学習の種類 2
  1.3　機械学習の実装 3

2 章　データの標準化・主成分分析 ………………………………………………… 5
  2.1　標準化 6
  2.2　データの関係性 7
  2.3　Python による計算、データの可視化 7
  2.4　主成分分析 10
  2.5　scikit-learn による主成分分析 11

3 章　線形回帰 ……………………………………………………………………… 19
  3.1　回帰とは 20
  3.2　線形回帰（単回帰） 20
  3.3　多項式回帰 24
  3.4　Python による実装 26

4 章　過剰適合 ……………………………………………………………………… 33
  4.1　過剰適合と交差検証 34
  4.2　正則化 41

5 章　最尤推定法 …………………………………………………………………… 51
  5.1　最尤推定法 52
  5.2　MAP 推定法 57

6 章　カーネル法 …………………………………………………………………… 63
  6.1　一般関数の線形和 64
  6.2　ガウス関数による近似 66
  6.3　カーネル関数 70
  6.4　正則化 72

7 章　線形判別 ··· 77

　7.1　分類問題 ·· 78

　7.2　線形分離 ·· 78

　7.3　Fisher の線形判別分析法 ·· 81

8 章　サポートベクターマシン ·· 91

　8.1　ハードマージン SVM ··· 92

　8.2　ソフトマージン SVM ··· 96

　8.3　scikit-learn による SVM の実装 ··· 98

　8.4　カーネル SVM ·· 103

9 章　パーセプトロンとロジスティック回帰 ·······························113

　9.1　パーセプトロン ·· 114

　9.2　ロジスティック回帰 ·· 118

10 章　多層ニューラルネットワーク ···127

　10.1　多層ニューラルネットワーク ··· 128

　10.2　誤差逆伝播法 ··· 130

　10.3　多層ニューラルネットワークの実装 ··································· 132

11 章　深層学習 ···139

　11.1　勾配消失 ·· 140

　11.2　ReLU 関数 ·· 142

　11.3　scikit-learn による多層ニューラルネットワークの実装 ·················· 143

12 章　畳み込みニューラルネットワーク ·······································151

　12.1　畳み込みニューラルネットワーク（CNN） ····························· 152

　12.2　TensorFlow による多層ニューラルネットワークの実装 ·················· 156

　12.3　TensorFlow による CNN の実装 ······································· 160

A　Google Colaboratory ··169

　A.1　Google Colaboratory ·· 169

　A.2　Google Colaboratory の始め方 ··· 170

　A.3　Google Colaboratory の環境 ··· 171

　A.4　Google Colaboratory の制約 ··· 173

B　Python 入門 ···175

　B.1　条件分岐と繰り返し ·· 175

　B.2　データ型 ·· 178

　B.3　データ構造 ·· 178

　B.4　NumPy ndarray ·· 181

1章 データに基づいた解析・機械学習とは

[ねらい]

　機械学習とはどのようなものであり、機械学習アルゴリズムの種類とその内容について概説する。また機械学習アルゴリズムをプログラムとして実装する際、本書では Python で記述するが Python の特徴とその環境についても概説する。

[この章の項目]

機械学習の概要
機械学習の種類
機械学習アルゴリズムの実装

1.1　機械学習とは

　インターネットが発展すると共に、非常に多くのセンサーや端末からネットワークを通じて大量のデータが手に入るようになった。この大量のデータからこれまでに気がつかなかった価値ある情報を見つけ出そうという様々な試みが行われるようになり、様々な統計的な手法が生み出されてきた。統計的な手法ではデータが持つ性質を様々な方法で導出しようとしてきたが、これを効率よく行うために開発されてきたのが「機械学習」という手法であるといえる。

　「機械学習」という言葉は IBM でチェッカーというボードゲームの対戦プログラムの研究をしていた Arthur Lee Samuel 氏が 1959 年に発表した論文内で定義した造語である。Samuel 氏は「機械学習」とは「明示的にプログラムしなくても学習する能力をコンピュータに与える研究分野」を指す言葉であると定義した。通常のコンピュータのプログラムは与えられたデータに基づきどのように判断し処理を行うかをプログラマーが設計し、その実装を行う。これに対して「機械学習」ではデータに基づいた判断基準を自ら変化させ、次第に所望の処理能力を獲得することができるようにすることを目指している。

▶[Dr. Arthur Lee Samuel の論文]
　Arthur Lee Samuel, "Some Studies in Machine Learning Using the Game of Checkers," IBM Journal of Research and Development, vol. 3, no. 3, pp. 210-229, 1959. (DOI: 10.1147/rd.33.0210)

　1959 年は世界最初の商用コンピュータができて間もない頃であり、様々なプログラミング言語が誕生した頃でもある。そのような頃から地道に「コンピュータが与えられたデータに基づき、処理方法を学習で獲得する」という目的遂行のため様々な手法、アルゴリズムが提案され、現在もさらに研究が行われている。本書はそのような「機械学習」のアルゴリズムがどのようなものであるかを解説し、実際にプログラムを実装することでそれらのアルゴリズムの動作を理解することを目指す。

1.2　機械学習の種類

　一般に「機械学習」に分類されるアルゴリズムは非常に多岐に渡っており、現在も日々新たなアルゴリズムが提案されている。「機械学習」アルゴリズムは以下の 3 種類に大別することができる。

1. **教師あり学習** (supervised learning)
   入力データに対する所望の出力データが存在。入出力関係が記述できるようにパラメータを "学習" する。
   回帰問題、分類問題など
2. **教師なし学習** (unsupervised learning)
   入力データに対して所望の出力データが存在しない。データの背後に存在する構造が抽出されるようにパラメータを "学習" する。
   クラスター分析、自己組織化マップなど

3. **強化学習** (reinforcement learning)

　　現在の状態（入力データ）を観測し、報酬が最も高く得られる方策（出力データ）となるようにパラメータを学習する。

　　Q 学習、DQN など

このような機械学習アルゴリズムのうち本書では主に「教師あり学習」について解説する。

1.3　機械学習の実装

　機械学習のプログラムは近年、様々なモジュールが提供されており、それらを使用することで簡単に機械学習アルゴリズムを試すことができる。本書ではプログラミング言語のうち「**Python**」を用いる。Python は Guido van Rossum が 1991 年に公開したオープンソース・フリーウェアのインタープリタ型プログラミング言語である。非常にシンプルで他のプログラミング言語と比較して、プログラムが非常に簡潔に記述することができる。インタープリタ型プログラミング言語であるため、コンパイラ型プログラミング言語と比較すると実行速度が遅いなどの問題点もあるが、モジュールはコンパイラ型言語でコンパイルされたものが数多く用意されているため、それらを使用することで実行速度はかなり改善できる。

▶[Python 公式 Web サイト]
https://www.python.org/

　Python には非常に多くの機械学習用モジュールが提供されている。これらを使用して機械学習アルゴリズムを容易に使用することができるようになった反面、機械学習のアルゴリズムがブラックボックス化してしまい、これらのアルゴリズムで調整を要するパラメータがどのような意味を持つのか、また各アルゴリズムによる結果が何を表しているのかが分からないまま、それらを使用している状況も多く見受けられる。そこで本書ではまずはできるだけ機械学習モジュールを使用せずにプログラムを記述し、そのアルゴリズムの理解を目指す。一方、アルゴリズムを理解した後であれば、機械学習モジュールを使用することでプログラムの生産性が上がり、かつバグを極力排除することが可能となる。このため機械学習モジュールの使用法も解説し、これらを使用したプログラムの作成も行う。

　ただし、Python はオープンンソースのフリーウェアであることに起因してバージョンアップが頻繁に行われる。このため、各種モジュールとのバージョン不適合が発生する場合が多いことに注意する。このような事態を避けるためには複数の Python の仮想実行環境を使い分けるコマンド（`pyenv` や `virtualenv` など）の利用や、Docker などのコンテナ型仮想化プラットフォームのの利用が必要になる場合もある。これらに関しては本書では説明しないため必要な場合は情報を検索して欲しい。

　また 2021 年現在、Google 社が提供する **Google Colaboratory**（略称

▶[Google Colaboratory]
https://colab.research.
google.com/notebooks/

Colab）というクラウドサービスを利用するのが最も手軽である。これは
Google 社が無料で提供している機械学習などの教育・研究用の開発環境で、
ブラウザから Python のプログラムを記述、実行をすることができる。こ
のサービスを使用すれば各自の PC に Python の実行環境を構築すること
なく、機械学習アルゴリズムを実行させることができる。また GPU も使
用することができるため、深層学習や CNN など GPU を使用することに
より計算時間を短縮することができるプログラムを気軽に使用することが
できる。ただし、無料で使用できるサービスであるため 12 時間でランタイ
ムが切断される、多くのユーザーが使用する際には GPU が割り当てられ
ない無い等の制約がある。Google Colaboratory Pro という有料サービス
を使用するとこれらの制限は緩和される。

[1章のまとめ]

この章では,

1. 機械学習とは
2. 機械学習の種類
3. 機械学習の実装方法

について学びました。

2章　データの標準化・主成分分析

[ねらい]

　データを解析する際にはデータを予め解析しやすい形に処理をしておくことが重要である。本章ではデータを解析しやすい形に予め処理するための方法として「標準化」、「主成分分析」を取り上げ、データの前処理とはどのようなものであるのかについてを概説する。

[この章の項目]

標準化
主成分分析

2.1　標準化

　測定などで得られるデータには通常単位があり、またデータのばらつきもそれぞれ異なる。このような単位の異なるデータや、データのばらつきが異なるデータの間にどのような関連があるのかは、これらのデータを直接比較しても関係を見いだすことは難しい。そこで各データを下記のような線形変換することを考える。

$$z_i = \frac{x_i - \overline{x}}{\sigma} \tag{2.1}$$

　ここで、x_i は元の i 番目のデータ、$\overline{x}$ はデータの平均値、σ はデータの標準偏差であり、z_i を**標準化（基準化）変量**（standardized data）という。

　標準化変量は元のデータ x_i から平均を減じることで平均を 0 にし、また元のデータ x_i の偏差 σ を標準偏差 1 単位あたりの偏差に線形変換したものである。このように元のデータを平均が 0、分散が 1 になるように標準化変量にデータを変換することを「**標準化**」（Standardization）といい、「**基準化**」「**正規化**」とも呼ばれる。

　例えばある講義の出席回数 (10 回中) とその講義のレポートの得点 (10 点満点) が表 2.1 のようであったとする。

▶[標準偏差 σ]
　データを x_i、データ数を N とする。データの平均 $\overline{x}$ は

$$\overline{x} = \frac{1}{N}\sum_{i=1}^{N} x_i$$

である。**標準偏差 σ** は下記の式で定義される。

$$\sigma = \sqrt{\frac{1}{N}\sum_{i=1}^{N}(x_i - \overline{x})^2}$$

これはサンプルデータの平均値からのばらつきを表す。σ^2 のことを「**分散**」という。
　上記の分散はサンプルの分散であり未知の母集団の分散とは異なる。

$$\sigma = \frac{1}{N-1}\sum_{i=1}^{N}(x_i - \overline{x})^2$$

これはサンプルデータから導き出された推定値である平均値の真の値からのばらつきを表す。このとき σ^2 のことを「**不偏分散**」という。

表 2.1　出席回数とレポート得点

	A	B	C	D	E	F	G	H	I	J
出席回数	9	10	9	6	1	5	10	10	9	10
レポート得点	9	10	10	5	0	2	10	10	10	10

　「出席回数」と「レポート得点」は同じような数値ではあるが、それぞれ単位が「回」と「点」であり、そのまま比較することはできない。そこでこれらを式 (2.1) によって標準化する。標準化したデータを表 2.2 に示す。表 2.1 および表 2.2 のデータを図示すると図 2.1 のようになる。図 2.1 で明

表 2.2　標準化した出席回数とレポート得点

	A	B	C	D	E
出席回数	0.3867	0.7383	0.3867	−0.6680	−2.4259
レポート得点	0.3848	0.6596	0.6596	−0.7145	−2.0887

	F	G	H	I	J
出席回数	−1.0196	0.7383	0.7383	0.3867	0.7383
レポート得点	−1.5390	0.6596	0.6596	0.6596	0.6596

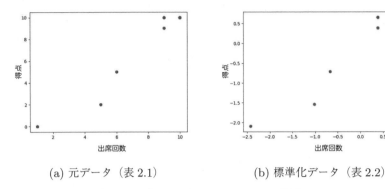

(a) 元データ（表 2.1）　　　　　(b) 標準化データ（表 2.2）

図 2.1　表 2.1、表 2.2 のデータの可視化

らかなように標準化されたデータと元のデータは相対的な関係は変化しない。標準化することで単位が異なるデータやばらつきが異なるデータを比較することが容易になる。

2.2　データの関係性

2種類のデータの関係性を示す指標に**共分散** (covariance) がある。例えば N 組の 2 次元のデータ (x_i, y_i) があるとするとその共分散 S_{xy} は以下のように定義される。

$$S_{xy} = \frac{1}{N} \sum_{i=1}^{N} (x_i - \overline{x})(y_i - \overline{y}) \tag{2.2}$$

ここで $\overline{x}$ は x_i の平均値、$\overline{y}$ は y_i の平均値である。

共分散 S_{xy} はデータ x_i およびデータ y_i の偏差を乗じたものの平均である。このため共分散値が正の値の際には x_i が大きければ y_i も大きいという関係が、負の値の際には x_i が大きければ y_i は小さいという関係が、そして 0 の際には x_i と y_i には関係が無いといえる。ただし、共分散はそれぞれのデータが取りうる範囲によって値が変わる。すなわちデータのスケール変換に対して不変ではない。そこでスケール変換に対して不変な**相関係数** ρ を考える。

$$\rho = \frac{S_{xy}}{\sigma_x \sigma_y} = \frac{1}{N} \sum_{i=1}^{N} \frac{(x_i - \overline{x})}{\sigma_x} \cdot \frac{(y_i - \overline{y})}{\sigma_y} \tag{2.3}$$

相関係数 ρ はデータのスケールに対して不変な 2 種類のデータの関係を示す指標である。相関係数は式 (2.3) から明らかなようにそれぞれのデータを標準化した上で共分散を求めることで得られる。

2.3　Python による計算、データの可視化

標準化およびデータの図示を Python で行う。データの平均値、偏差を

▶[NumPy および matplotlib のインストール]

NumPy、matplotlib がインストールされていない場合、まずこれらをインストールする必要がある。インストールが必要か否かは
```
import numpy
import matplotlib
```
とだけ記述した py ファイルを作成し、Python を実行する。その結果
```
No module named numpy、
No module named matplotlib
```
が表示された場合、インストールが必要である。これらのインストールはターミナル（コマンドプロンプト）で pip コマンドを使用してインストールする。
```
pip install numpy
pip install matplotlib
```
なお、Anaconda を使用している場合は上記の pip コマンドを conda コマンドに置き換える。
```
conda install numpy
conda install matplotlib
```

計算で求めることは難しくないが、Python の科学計算モジュール **NumPy** を使用することで効率的に行うことができる。またデータはグラフ描画モジュール **matplotlib** を使用して可視化できる。ここでは NumPy および matplotlib を使用し、表 2.1 のデータを標準化し、その結果をグラフで可視化する。

冒頭で `import numpy`、`import matplotlib.pyplot` と記述することで NumPy と matplotlib が使用できる。Python では N 次元配列を扱うためのクラスとして `numpy.ndarray` があるが、numpy を短く省略形で記述するために

```
import numpy as np
```

と記述する。このように記述することで numpy を np と記述できる。慣例的に numpy は np と、matplotlib.pyplot は plt と表記されることが多い。この慣例に従って記述すると、プログラム冒頭で以下のように記述する。

```
#coding:utf-8
import numpy as np
import matplotlib.pyplot as plt
```

表 2.1 のデータは ndarray を使用して以下のように出席回数を NumPy の 1 次元リスト attend に、またレポートの得点を NumPy の 1 次元リスト report に格納する。

```
attend = np.array([ 9, 10,  9,  6,  1,  5, 10, 10,  9, 10])
report = np.array([ 9, 10, 10,  5,  0,  2, 10, 10, 10, 10])
```

それぞれの 1 次元リストの平均値、標準偏差はそれぞれ `mean()` メソッドおよび `std()` メソッドで計算できる。したがって 1 次元リスト attend および report の標準化は式 (2.1) によって以下のように記述できる

```
attend_z = ( attend - attend.mean() ) / attend.std()
report_z = ( report - report.mean() ) / report.std()
```

共分散行列は NumPy の関数 cov で求められる。出席回数 attend とレポート得点 report の標本分散共分散行列は

```
np.cov( attend, report, ddof=0 )
```

で計算することができ、下記のような行列が得られる。

```
[[ 8.09 10.06]
 [10.06 13.24]]
```

これにより出席回数の標本分散は 8.09、レポート得点の標本分散は 13.24、

▶[NumPy の cov 関数での分散共分散行列の計算]
NumPy では cov 関数で引数は 2 次元の配列、もしくは要素数が同じ 1 次元の配列二つの分散共分散行列を計算できる。引数に ddof=0 を指定するとデータ数 N で割った**標本分散共分散行列**、ddof=1 を指定すると $N-1$ で割った**不偏分散共分散行列**が得られる。分散共分散行列の対角成分は各データの分散を、非対角成分がデータ間の共分散を表す。
標本分散共分散行列:
np.cov(x, y, ddof=0)
不偏分散共分散行列:
np.cov(x, y, ddof=1)

出席回数とレポート得点の標本共分散は 10.06 である。

　また出席回数、レポートを標準化した attend_z と report_z で共分散行列を求めると相関行列が得られる。

```
np.cov( attend_z, report_z, ddof=0 )
```

相関行列は以下のようになる。

```
[[1.         0.97203013]
 [0.97203013 1.        ]]
```

相関行列から出席回数とレポート得点の相関係数が 0.972 であり、強い正の相関があることがわかる。

　標準化したデータ attend_z と report の散布図は matplotlib で下記のように記述することで描ける。

```
plt.scatter( attend_z, report_z )
plt.show()
```

　以上をまとめると以下の Program 2.1 となる。

▶[相関係数]
　相関係数は二つのデータの間にある線形な関係の強弱を測る指標で −1 以上 +1 以下の実数に値をとる。相関係数が正のときデータ間には正の相関が、負のときデータ間には負の相関があるという。また相関係数が 0 のときこれらのデータは無相関であるという。

Program 2.1

```
1  #coding:utf-8
2  import numpy as np
3  import matplotlib.pyplot as plt
4
5  attend = np.array([ 9, 10,  9,  6,  1,  5, 10, 10,  9, 10])
6  report = np.array([ 9, 10, 10,  5,  0,  2, 10, 10, 10, 10])
7
8  # 元のデータの散布図の描画
9  plt.scatter( attend, report )
10 plt.show()
11
12 attend_z = ( attend - attend.mean() ) / attend.std()
13 report_z = ( report - report.mean() ) / report.std()
14
15 # 標準化したデータの散布図の描画
16 plt.scatter( attend_z, report_z )
17 plt.show()
18
19 print('共分散行列: \n', np.cov( attend, report, ddof=0 ) )
20 print('相関行列: \n', np.cov( attend_z, report_z, ddof=0 ) )
```

2.4　主成分分析

相関係数を用いることで二つの変数の相関関係を明らかにすることができた。一方、相関のある多数の変数から相関のない少数で全体のばらつきを最もよく表す新たな軸を合成する多変量解析の手法に「**主成分分析** (principle component analysis: PCA) と呼ばれる手法がある。

▶[主成分分析]
　K. Pearson, "On Lines and Planes of Closest Fit to Systems of Points in Space," Philosophical Magazine 2, 11, pp. 559-572, 1901.

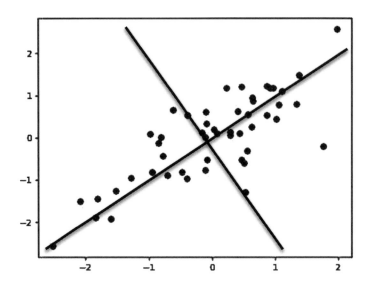

図 **2.2**　主成分分析例

　図2.2に示すようなデータに対して、図中に示した右上がりの軸は各データのばらつきが最も大きくなる軸である。このような軸を**第1主成分**という。また左上がりの軸は第1主成分に直交した軸であり、この軸を第2主成分という。

　主成分は以下のような手順で求めることができる。

▶[主成分分析による次元圧縮]
　主成分分析は与えられたデータの次元 N とするとデータを N 次元空間内の楕円体にフィッティングするものであり、第1主成分は最も長い楕円体の軸である。N 次元空間の楕円体は N 本の軸を有し、その長さの順に第 k 主成分と呼ばれる。短い軸方向にはデータの分散が小さいためこれらを無視することで N 次元より小さい次元でデータを表現でき**次元圧縮**できる。

1. 全てのデータを標準化
2. データの分散共分散行列 (相関行列) の計算
3. 分散共分散行列 (相関行列) を固有値固有ベクトルに分解
4. 固有値の大きい順に固有値固有ベクトルを主成分として採用

主成分分析において各変数の平均値は必ず0である必要があり、また単位の異なる変数を比較するためにはスケーリングを行う必要がある。このため、全てのデータを標準化する必要がある。

　次にデータのばらつき（分散）が最も大きい方向（主成分）を探索する

ことを考える。k 番目のデータを $\boldsymbol{x}^k$、ある単位ベクトルを $\boldsymbol{v}$ とする。$\boldsymbol{x}^k$ の $\boldsymbol{v}$ 上への射影は $\boldsymbol{v}^\mathsf{T}\boldsymbol{x}^k$ である。この $\boldsymbol{x}^k$ の $\boldsymbol{v}$ 上への射影の標本分散は

$$\frac{1}{N}\sum_{k=1}^{N}\left[\boldsymbol{v}^\mathsf{T}\left(\boldsymbol{x}^k-\boldsymbol{\mu}\right)\right]^2 = \boldsymbol{v}^\mathsf{T}\left(\frac{1}{N}\sum_{k=1}^{N}\left(\boldsymbol{x}^k-\boldsymbol{\mu}\right)\left(\boldsymbol{x}^k-\boldsymbol{\mu}\right)^\mathsf{T}\right)\boldsymbol{v} \\ = \boldsymbol{v}^\mathsf{T}\boldsymbol{\Sigma}\boldsymbol{v} \tag{2.4}$$

となる。ここで $\boldsymbol{\Sigma}$ は分散共分散行列である。

　分散共分散行列 $\boldsymbol{\Sigma}$ は実対称半正定値行列であるので、直交行列で対角化できる。これを**固有値固有ベクトル分解**という。λ_j を $\boldsymbol{\Sigma}$ の j 番目に大きい固有値、これに対応した固有ベクトルを $\boldsymbol{w}_j$ $(j = 1, \cdot N)$ とする。$\boldsymbol{W} = [\boldsymbol{w}_1, \boldsymbol{w}_2, \cdots, \boldsymbol{w}_N]$、$\boldsymbol{\Lambda} = \mathrm{diag}\,(\lambda_1, \lambda_2, \cdots, \lambda_N)$ とおくと、分散共分散行列 $\boldsymbol{\Sigma}$ は次のように直交化できる。

$$\boldsymbol{\Sigma} = \boldsymbol{W}\boldsymbol{\Sigma}\boldsymbol{W}^\mathsf{T} \tag{2.5}$$

　式 (2.4) の $\boldsymbol{x}^k$ の $\boldsymbol{v}$ 上への射影の標本分散が最大となるのは $\boldsymbol{v}$ が最大固有値 λ_1 に一致した時である。

$$\max_{\boldsymbol{v}}\boldsymbol{v}^\mathsf{T}\boldsymbol{\Sigma}\boldsymbol{v} = \max_{\boldsymbol{v}}\boldsymbol{v}^\mathsf{T}\boldsymbol{W}\boldsymbol{\Sigma}\boldsymbol{W}^\mathsf{T}\boldsymbol{v} \\ = \lambda_1 \qquad (\boldsymbol{v} = \boldsymbol{w}_1) \tag{2.6}$$

よって分散共分散行列 $\boldsymbol{\Sigma}$ の j 番目に大きい固有値に対応した固有ベクトルが第 j 主成分となる。

　全ての主成分に対応した固有値の総和に対して各主成分の固有値の大きさの比率を「**寄与率**」といい、データ全体に対してその主成分の変化がどれだけ影響を与えているかを表す指標である。この「寄与率」を大きいものから順に加えた値を「**累積寄与率**」という。例えば第 1 主成分から第 k 主成分までの「累積寄与率」が 0.9 であるとそのデータはこれら k 個の主成分で90%説明できるということを意味する。

　主成分分析を使用し、データから取り出す主成分の個数を制限、もしくは一定の累積寄与率になるまでの主成分に制限することで元のデータの特徴を保存したまま、その特徴を少ない次元の変数で説明することができる。これを「**次元圧縮**」という。

2.5　scikit-learn による主成分分析

　主成分分析は Python のオープンソースの機械学習モジュールである scikit-learn を使用すると計算できる。

　冒頭で `import sklearn.decomposition` と記述することで主成分分析器が含まれる scikit-learn の分析ツールが使用できる。

▶[scikit-learn のインストール]
　scikit-learn がインストールされていない場合、まずこれらをインストールする必要がある。インストールが必要か否かは
`import sklearn`
とだけ記述した py ファイルを作成し、Python を実行する。その結果
`No module named sklearn`
が表示された場合、インストールが必要である。これらのインストールはターミナル（コマンドプロンプト）で pip コマンドを使用してインストールする。
`pip install scikit-learn`
なお、Anaconda を使用している場合は上記の pip コマンドを conda コマンドに置き換える。
`conda install scikit-learn`

```
model = sklearn.decomposition.PCA( 引数 )
trans_data = model.fit_transform( data )
```

上記 1 行目の model の設定で主成分分析を行う際のパラメータの設定を行う。PCA の引数には n_components がある。n_components に 2 以上データの次元以下の整数を与えると取得する主成分の個数を指定することができる。また n_components に 0 以上 1 以下の実数を与えた場合は、累積寄与率を指定した意味となる。実際にデータに対しての主成分分析は model の fit_transform メソッドで行う。このメソッドは引数 data に対して主成分分析を適用し、主成分で分析した結果が戻り値となる。主成分分析を行った結果は model の属性値で確認することができる。

▶[主成分分析のメソッド]
fit:
主成分分析の適用のみ。固有ベクトル、各主成分の分散、寄与率が得られる。
transform:
導出済の主成分分析結果を用いてデータの変換のみを行う。
fit_transform:
主成分分析を適用し、データを変換する
inverse_transform:
主成分分析の逆変換

▶[主成分分析の属性値]
components_:
各固有値に対応した固有ベクトル。n_components× 特徴量の 2 次元配列
explained_variance_:
各主成分の分散値
explained_variance_ratio_:
取り出した各主成分の因子寄与率

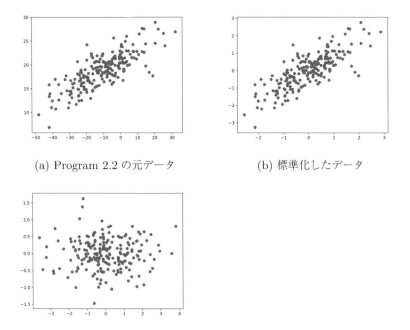

(a) Program 2.2 の元データ　　(b) 標準化したデータ

(c) 主成分分析後のデータ

図 **2.3**　Program 2.2 の実行結果

以下の Program 2.2 は図 2.3(a) に示す 2 次元データを主成分分析する。

Program 2.2

```
1   #coding:utf-8
2   import numpy as np
3   import matplotlib.pyplot as plt
4   import sklearn.decomposition
5
6   np.random.seed( 1 )
7   data = np.random.randn( 200, 2 )
8   A = np.array([[1,2.5],[-15,-2.5]])
9   data = np.dot( data, A )  + [ -10.2, 18.7 ]
10
11  # 元のデータの散布図の描画
12  plt.scatter( data[:,0], data[:,1] )
13  plt.show()
14
15  # 標準化したデータの散布図の描画
16  std_data = ( data - data.mean(axis=0) ) / data.std(axis=0)
17  plt.scatter( std_data[:,0], std_data[:,1] )
18  plt.show()
19
20  # 主成分分析
21  model = sklearn.decomposition.PCA( n_components=2 )
22  pca_data = model.fit_transform( std_data )
23  # 主成分および因子寄与率の表示
24  print('Eigenvectors: \n', model.components_ )
25  print('Variance ratio: \n', model.explained_variance_ratio_ )
26
27  # 主成分分析したデータの散布図の描画
28  plt.scatter( pca_data[:,0], pca_data[:,1] )
29  plt.show()
```

図 2.3(a) のデータを標準化した結果が図 2.3(b) である。(a) と (b) は全く
同じ図のように見えるが軸が標準化されている。標準化されたデータを用
いて主成分分析を行い、得られた主成分空間にデータを変換したものが図
2.3(c) である。このとき主成分分析で得られた固有ベクトルは

```
Eigenvectors:
 [[-0.70710678 -0.70710678]
 [ 0.70710678 -0.70710678]]
```

で、それぞれの主成分に対応した因子寄与率は

```
Variance ratio:
 [0.89561949 0.10438051]
```

と得られる。すなわち元のデータを (x, y) とすれば、第 1 主成分は $x = y$ の軸、第 2 主成分が $y = -x$ の軸であり、第 1 主成分でデータの 89.56% が説明できることを示している。

[2章のまとめ]

この章では，

1. 標準化
2. 主成分分析

について学びました。

2章　演習問題

[演習 2.1]　下記の Program 2.3 で生成される 100 組のデータセット [x, y, z] を主成分分析し、その結果を共分散等を使用して検討せよ。これらのデータを図示すると図 2.4 となる。

Program 2.3

```
import numpy as np
import matplotlib.pyplot as plt
import sklearn.decomposition

np.random.seed( seed=1 )
latent1 = np.array([ np.random.randn() for k in range(100)])
latent2 = np.array([ np.random.randn() for k in range(100)])
x = 2.1 * latent1 + 0.2 * latent2
y = 0.3 * latent1 + 3.4 * latent2
z = latent1 - latent2
```

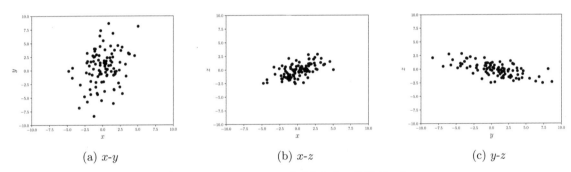

(a) x-y　　　　　　(b) x-z　　　　　　(c) y-z

図 2.4　Program 2.3 で生成される 3 次元データ

[**解 2.1**] 以下の Program 2.4 を使用してデータを標準化してから主成分分析する。

Program 2.4

```
1   import numpy as np
2   import matplotlib.pyplot as plt
3   import sklearn.decomposition
4
5   np.random.seed( seed=1 )
6   latent1 = np.array([ np.random.randn() for k in range(100)])
7   latent2 = np.array([ np.random.randn() for k in range(100)])
8   x = 2.1 * latent1 + 0.2 * latent2
9   y = 0.3 * latent1 + 3.4 * latent2
10  z = latent1 - latent2
11
12  # データを標準化
13  x = ( x - x.mean() ) / x.std()
14  y = ( y - y.mean() ) / y.std()
15  z = ( z - z.mean() ) / z.std()
16
17  print( '標準化したデータの共分散行列:\n', np.cov( data.T ) )
18
19  # scikit-learn で主成分分析
20  data = np.array([x,y,z]).T
21  model = sklearn.decomposition.PCA( n_components=3 )
22  pca_data = model.fit_transform( data )
23
24  print( '主成分分析したデータの共分散行列:\n', np.cov( pca_data.T ) )
25
26  print( '第1主成分から第3主成分:\n', model.components_ )
27  print( '各主成分の寄与率:\n', model.explained_variance_ratio_ )
```

データを標準化した際の共分散行列は以下のように求まる。

```
標準化したデータの共分散行列:
[[ 1.01010101  0.27140966  0.58126344]
 [ 0.27140966  1.01010101 -0.63953485]
 [ 0.58126344 -0.63953485  1.01010101]]
```

データを第3主成分まで求めるように主成分分析した結果から第1主成分から第3主成分までを図示した結果を図 2.5 に示す。またこの際の共分散行列は以下のように求まる。

```
主成分分析したデータの共分散行列:
[[ 1.75032631e+00 -3.34550415e-16 -1.05265952e-31]
 [-3.34550415e-16  1.27997672e+00 -6.09313777e-33]
 [-1.05265952e-31 -6.09313777e-33  8.39626510e-32]]
```

この時、主成分は以下のように求められる。

第 1 主成分から第 3 主成分:
[[0.41079585 −0.50513598   0.75900225]
 [0.74725581   0.663498   0.03713708]
 [0.52235575 −0.55191309 −0.65002801]]

上記の例では 1 行目が第 1 主成分、2 行目が第 2 主成分、3 行目が第 3 主成分である。

　　寄与率は以下のように求まる。

各主成分の寄与率:
[5.77607683e-01 4.22392317e-01 2.82681903e-32]

上記の結果から第 3 主成分はの寄与率はほぼ 0 であり、この 3 次元データは 2 次元のデータで説明できることがわかる。これは Program 2.3 でどのように [x, y, z] が生成されたかを考えれば当然の結果であることがわかる。

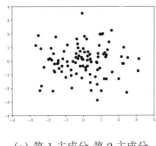
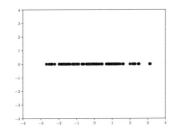
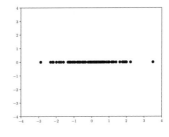

| (a) 第 1 主成分-第 2 主成分 | (b) 第 1 主成分-第 3 主成分 | (c) 第 2 主成分-第 3 主成分 |

図 **2.5**　Program 2.3 で生成される 3 次元データ

3章　線形回帰

[ねらい]

　機械学習アルゴリズムは「回帰」「分類」「強化学習」の三種に大別することができる。本章では「回帰」の基礎として「線形回帰」を取り上げ、回帰とはどのようなものであるのかについてを概説する。

[この章の項目]

線形回帰
多項式回帰
行列

3.1　回帰とは

回帰とは、注目しているものの値 Y とそれを説明することができるいくつかの変数 $\boldsymbol{X}$ があるときに、これらの変数間の関係を $Y = f(\boldsymbol{X})$ というような関数として表せるように当てはめることをいう。注目している変数 $Y \in \Re$ のことを**目的変数** (response variable)、それを説明することができる 1 次元以上の変数 $\boldsymbol{X} \in \Re^M$ のことを**説明変数** (explanatory variable) といい、与えられた目的変数、説明変数からこの関係を当てはめることを「**学習**」という。そして「学習」には用いなかった未知の説明変数 $\boldsymbol{X}_u$ に対して適切な目的変数 y_u を予測できるようにすることが回帰の目的である。

3.2　線形回帰（単回帰）

まず例として表 3.1 に示した 10 個のデータから X と Y の適切な関係を考える。表 3.1 は 10 組の説明変数 X と目的変数 Y の組み合わせを示している。説明変数の各要素を x_i、目的変数の各要素を y_i と表し、添字 i は組合せを表す。

表 3.1　線形回帰：例題

x_i	−0.1660	0.4406	−0.9998	−0.3953	−0.7065
y_i	0.1834	0.4484	−0.6679	−0.2110	−0.3043
x_i	−0.8153	−0.6275	−0.3089	−0.2065	0.0776
y_i	−0.7490	−0.4156	−0.1510	0.0879	0.1060

表 3.1 の各データは横軸を説明変数、縦軸を目的変数として散布図で示すと図 3.1 のようになる。

「適切」に定めるためには何らかの基準が必要となる。ここでは説明変数 x_i には誤差は含まれず、目的変数 y_i にのみ誤差 ϵ_i が含まれるとする。この時、説明変数と目的変数との関係は次のように表すことができる。

$$y_i = f(x_i) + \epsilon_i \tag{3.1}$$

回帰の目的は式 (3.1) の誤差 ϵ_i が最も小さくなる $f(\cdot)$ を求めることである。そこで、説明変数 X と目的変数 Y の間には次のような 1 次方程式の関係が成り立つと仮定する。

$$\hat{y}_i = f(x_i) = \theta_1 x_i + \theta_0 \tag{3.2}$$

ここで θ_0 は切片、θ_1 は傾きを表し、$\hat{y}_i$ はこれらのパラメータ θ_0、θ_1 で式 (3.2) によって予測された目的変数の値を表す。次式 (3.3) の各データに対する誤差 ϵ_i が最も小さくなる θ_0、θ_1 を決定することが回帰の目的である。

▶**[目的変数]**
「目的変数」は他に以下のような表現がある。

- 目的変数、目的変量、応答変数、反応変数
  response variable
- 結果変数
  outcome variable
- 従属変数、被説明変数
  dependent variable
- 外的基準
  external criterion
- 基準変数
  criterion variable

▶**[説明変数]**
「説明変数」は他に以下のような表現がある。

- 説明変数
  explanatory variable
- 予測変数
  predictor variable
- 独立変数
  independent variable

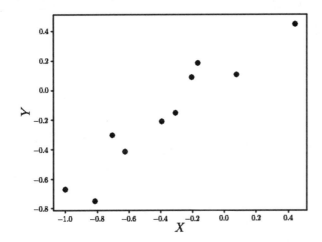

図 3.1 表 3.1 のデータの散布図

$$\epsilon_i = \hat{y}_i - y_i = (\theta_1 x_i + \theta_0) - y_i \tag{3.3}$$

誤差 ϵ_i は正もしくは負の値を取る可能性があるため、合計値では正負の誤差値でそれらが相殺してしまう可能性がある。そこで誤差は全て正値になるようにするため、二乗する。単に誤差全てを正値にするためには二乗以外に 1) 絶対値、2) 四乗以上の偶数乗、という方法も考えられるが、ここでは二乗した場合を考える。

　各目的変数とその予測値との**予測誤差** (prediction error) はいくつか定義できるがそのうち**平均二乗誤差** (Mean Squared Error: MSE) は式 (3.4)で表される。

$$E(\boldsymbol{\theta}) = \frac{1}{N} \sum_{k=1}^{N} \left((\theta_1 x_k - \theta_0) - y_k \right)^2 \tag{3.4}$$

平均二乗誤差 $E(\boldsymbol{\theta})$ はパラメータ $\boldsymbol{\theta} = (\theta_1, \theta_0)$ の関数である。$E(\boldsymbol{\theta})$ の値が最小値となるパラーメータ $\hat{\boldsymbol{\theta}}$ が、ここでの「最適な」パラメータである。

$$\hat{\boldsymbol{\theta}} = \arg\min_{\boldsymbol{\theta}} E(\boldsymbol{\theta}) \tag{3.5}$$

　$E(\boldsymbol{\theta})$ は (θ_1, θ_0) の二つのパラメータの関数である。二つのパラメータのうち一方を定数とみなすと $E(\boldsymbol{\theta})$ は図 3.2 に示す下に凸の二次関数である。最小値はこのグラフの傾きが 0 になる点、すなわち偏微分値が 0 になる点である。$E(\boldsymbol{\theta})$ の最小値は二つのパラメータそれぞれで微分した際にその値が 0 となる点である。すなわち $E(\boldsymbol{\theta})$ の最小値を与えるパラメータ $\theta_{0_{opt}}$ および $\theta_{1_{opt}}$ は式 (3.6) の連立方程式の解である。

▶[予測誤差]
　予測誤差には以下のようなものがある。

- 平均二乗誤差 (Mean Squared Error: MSE)
$$\text{MSE} = \frac{1}{N} \sum_{i=1}^{N} (\hat{y}_i - y_i)^2$$
- 平均平方二乗誤差 (Root Mean Square Error: RMSE)
$$\text{RMSE} = \sqrt{\frac{1}{N} \sum_{i=1}^{N} (\hat{y}_i - y_i)^2}$$
- 平均絶対誤差 (Mean Absolute Error: MAE)
$$\text{MAE} = \frac{1}{N} \sum_{i=1}^{N} |\hat{y}_i - y_i|$$

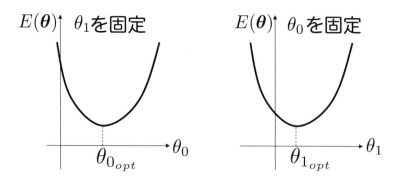

図 **3.2**　$E(\boldsymbol{\theta})$ の最小値を与える $\theta_{0_{opt}}$ および $\theta_{1_{opt}}$

$$
\begin{cases}
\left.\dfrac{\partial E(\boldsymbol{\theta})}{\partial \theta_0}\right|_{\theta_0=\theta_{0_{opt}}} = 0 \\[4mm]
\left.\dfrac{\partial E(\boldsymbol{\theta})}{\partial \theta_0}\right|_{\theta_0=\theta_{0_{opt}}} = 0
\end{cases}
\tag{3.6}
$$

▶[式 (3.7) の係数]
　式 (3.4)) の右辺の Σ の係数は $1/N$ であるのに対し、式 (3.7) の係数は $1/(2N)$ としている。これらの式そのものの大きさは重要では無く、最小値を与えるパラメータが重要である。微分した際の係数を簡単化するため式 (3.7) では係数を $1/(2N)$ としている。

この後の式変形を見やすくするため式 (3.4) を以下のように書き換える。

$$
E(\boldsymbol{\theta}) = \frac{1}{2N} \sum_{i=1}^{N} \left((\theta_1 x_i + \theta_0) - y_i \right)^2
\tag{3.7}
$$

式 (3.7) は微分した際の係数を 1 にするため式 (3.4) の係数を $1/2$ にしたもので、係数が変わっても最小値を与えるパラメータ値には影響しない。式 (3.6) は以下のように書き換えられる。

$$
\begin{aligned}
\frac{\partial E(\boldsymbol{\theta})}{\partial \theta_0} &= \frac{1}{N} \sum_{i=1}^{N} \left((\theta_1 x_i - \theta_0) - y_i \right) \\
&= \frac{\theta_1}{N} \sum_{i=1}^{N} x_i + \frac{\theta_0}{N} \sum_{i=1}^{N} 1 - \frac{1}{N} \sum_{i=1}^{N} y_i
\end{aligned}
$$

$$
\begin{aligned}
\frac{\partial E(\boldsymbol{\theta})}{\partial \theta_1} &= \frac{1}{N} \sum_{i=1}^{N} \left((\theta_1 x_i - \theta_0) - y_i \right) x_i \\
&= \frac{\theta_1}{N} \sum_{i=1}^{N} x_i^2 + \frac{\theta_0}{N} \sum_{i=1}^{N} x_i - \frac{1}{N} \sum_{i=1}^{N} x_i y_i
\end{aligned}
$$

よって以下の連立方程式が得られる。

$$
\begin{cases}
\theta_1 \overline{x} + \theta_0 - \overline{y} = 0 \\
\theta_1 \overline{x^2} + \theta_0 \overline{x} - \overline{xy} = 0
\end{cases}
\tag{3.8}
$$

ここで $\overline{x}$ は x_i の平均値、$\overline{y}$ は y_i の平均値、$\overline{x^2}$ は x_i の二乗平均、$\overline{xy}$ は x_i

と y_i の積の平均を表す。

式 (3.8) よりパラメータ $\boldsymbol{\theta}$ は以下のように導出できる。

$$\begin{cases} \theta_1 = \dfrac{\overline{xy} - \overline{x} \cdot \overline{y}}{\overline{x^2} - \overline{x}^2} = \dfrac{\sigma_{xy}}{\sigma_x^2} \\[3mm] \theta_0 = \overline{y} - \dfrac{\sigma_{xy}}{\sigma_x^2} \cdot \overline{x} \end{cases} \tag{3.9}$$

ここで σ_x^2 は x の分散、σ_{xy} は x と y の共分散である。

表 3.1 のデータの平均値、**分散**、**共分散**は以下の通りである。

$$\begin{cases} \overline{x} = -0.37076 \\ \overline{y} = -0.16731 \\ \sigma_x^2 = 0.17046 \\ \sigma_{xy} = 0.15790 \end{cases}$$

図 3.3 はこれらの値によって導出された一次関数で描いたグラフである。このように得られた直線を**近似直線** (Approximate straight line) と呼ぶ。

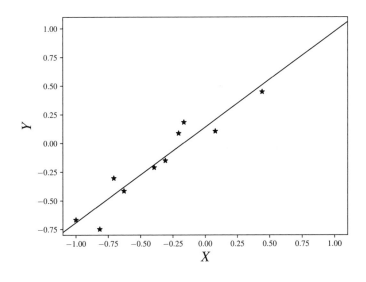

図 3.3 表 3.1 のデータと近似直線

▶[回帰]
　近似直線はデータの平均値等で得られる。このことはデータはその平均値に戻っていくことから、後退 (regression) する傾向がある。これを「平均への回帰」といい、この事実から統計学では「回帰」(regression) という言葉使用されるに至った。

▶[分散 (variance)]
　分散 σ_x^2 とは数値データのばらつき度合いを示す指標
$$\sigma_x^2 = \sum_{i=1}^{N} (x_i - \overline{x})^2$$
$\overline{x}$: x_i の平均値
分散が大きければ数値データが広範囲にばらついていることを意味する。

▶[共分散 (covariance)]
　共分散 σ_{xy}^2 とは 2 組の対応する数値データ間の関係を示す指標
$$\sigma_{xy}^2 = \sum_{i=1}^{N} (x_i - \overline{x})(y_i - \overline{y})$$
$\overline{x}$: x_i の平均値
$\overline{y}$: y_i の平均値
共分散が正値であると一方の値が増加するともう一方の値も増加する傾向（正の相関）にある。共分散が負値であると一方の値が増加するともう一方の値は減少する傾向（負の相関）にある。共分散が 0 であるとき二つの値が無関係（無相関）である。

以上のように目的変数 Y にのみノイズが加算され、説明変数 X と目的変数 Y の関係が 1 次関数で表すことができると仮定すると、目的変数の予測誤差が最小となる最適なパラメータは目的変数および説明変数の平均値、分散値、共分散値といったデータの性質を表す数値から求めることができる。

▶[最小二乗法]
　「最小二乗法」は「最小自
乗法」とも表記する。

　このように目的変数の予測値との平均二乗誤差を最小にするパラメータを
決定する方法を「最小二乗法」(Least Squares Method; LSM) という。最小
二乗法で説明変数と目的変数との線形関係を求めることは**線形回帰** (Linear
Regression) と呼ばれる。

　ここまでの例では説明変数は X の一種類のみで目的変数 Y を線形予測
したが、複数の独立な説明変数を用いて目的変数を線形予測することも同
様に考えられる。一種類の説明変数のみで目的変数を線形予測する場合を
単回帰 (Simple Regression)、複数の独立な説明変数で目的変数を線形予測
する場合を**重回帰** (Multiple Regression) と言う。

3.3　多項式回帰

　前節では目的変数を説明変数の 1 次式で表現したが、2 次式や 3 次式の
関係で表現できる場合がある。説明変数と目的変数との関係が 2 次式で記
述できるとすると、この関係式は式 (3.10) のように 2 次式で記述できる。

$$\hat{y}_i = \theta_2 x_i^2 + \theta_1 x_i + \theta_0 \tag{3.10}$$

前節で仮定したように説明変数には誤差は含まれないとし、式 (3.10) で予
測した値とデータとの平均二乗誤差が最小になるパラメータが最適である
とする。平均二乗誤差は次のように定義できる。

$$E(\boldsymbol{\theta}) = \frac{1}{2N} \sum_{i=1}^{N} \left(\left(\theta_2 x_i^2 + \theta_1 x_i + \theta_0 \right) - y_i \right)^2 \tag{3.11}$$

式 (3.11) の最小値は 1 次式の場合同様にパラメータ $\boldsymbol{\theta}$ で偏微分し、傾きが
0 となるパラメータを求めれば得られる。式 (3.10) にはパラメータが 3 個
含まれるため、以下の連立方程式の解が最適なパラメータである。

$$\begin{cases} \dfrac{\partial E(\boldsymbol{\theta})}{\partial \theta_0} = \dfrac{1}{N} \sum_{i=1}^{N} \left(\left(\theta_2 x_i^2 + \theta_1 x_i + \theta_0 \right) - y_i \right) = 0 \\[3mm] \dfrac{\partial E(\boldsymbol{\theta})}{\partial \theta_1} = \dfrac{1}{N} \sum_{i=1}^{N} \left(\left(\theta_2 x_i^2 + \theta_1 x_i + \theta_0 \right) - y_i \right) x_i = 0 \\[3mm] \dfrac{\partial E(\boldsymbol{\theta})}{\partial \theta_2} = \dfrac{1}{N} \sum_{i=1}^{N} \left(\left(\theta_2 x_i^2 + \theta_1 x_i + \theta_0 \right) - y_i \right) x_i^2 = 0 \end{cases} \tag{3.12}$$

　同様に説明変数と目的変数との関係を 3 次式で記述すると関係は式 (3.13)
となる。

$$\hat{y}_i = \theta_3 x_i^3 + \theta_2 x_i^2 + \theta_1 x_i + \theta_0 \tag{3.13}$$

この場合も同様に以下の連立方程式の解が最適なパラメータ $\boldsymbol{\theta}$ である。

$$\begin{cases} \dfrac{\partial E(\boldsymbol{\theta})}{\partial \theta_0} = \dfrac{1}{N}\sum_{i=1}^{N}\left(\left(\theta_3 x_i^3 + \theta_2 x_i^2 + \theta_1 x_i + \theta_0\right) - y_i\right) = 0 \\[3mm] \dfrac{\partial E(\boldsymbol{\theta})}{\partial \theta_1} = \dfrac{1}{N}\sum_{i=1}^{N}\left(\left(\theta_3 x_i^3 + \theta_2 x_i^2 + \theta_1 x_i + \theta_0\right) - y_i\right)x_i = 0 \\[3mm] \dfrac{\partial E(\boldsymbol{\theta})}{\partial \theta_2} = \dfrac{1}{N}\sum_{i=1}^{N}\left(\left(\theta_3 x_i^3 + \theta_2 x_i^2 + \theta_1 x_i + \theta_0\right) - y_i\right)x_i^2 = 0 \\[3mm] \dfrac{\partial E(\boldsymbol{\theta})}{\partial \theta_3} = \dfrac{1}{N}\sum_{i=1}^{N}\left(\left(\theta_3 x_i^3 + \theta_2 x_i^2 + \theta_1 x_i + \theta_0\right) - y_i\right)x_i^3 = 0 \end{cases} \tag{3.14}$$

説明変数と目的変数の関係を n 次式で記述すると関係は式 (3.15) となる。

$$\hat{y}_i = \theta_n x_i^n + \theta_{n-1} x_i^{n-1} + \cdots + \theta_2 x_i^2 + \theta_1 x_i + \theta_0 = \sum_{k=0}^{n} \theta_k x_i^k \tag{3.15}$$

予測値とデータの平均二乗誤差をパラメータで偏微分し得られる式 (3.16) の連立方程式の解が最適なパラメータである。

$$\frac{\partial E(\boldsymbol{\theta})}{\partial \theta_m} = \frac{1}{N}\sum_{i=1}^{N}\left(\sum_{k=0}^{n}\theta_k x_i^k\right)x_i^m = 0, \qquad m = 0, 1, \ldots, n \tag{3.16}$$

式 (3.16) は次のように行列表現で記述できる。

$$\boldsymbol{\Phi}\boldsymbol{\Phi}^{\top}\boldsymbol{\theta} = \boldsymbol{\Phi}\boldsymbol{y} \tag{3.17}$$

ここで

$$\boldsymbol{\Phi} = \begin{pmatrix} 1 & 1 & 1 & \cdots & 1 \\ x_1 & x_2 & x_3 & \cdots & x_N \\ x_1^2 & x_2^2 & x_3^2 & \cdots & x_N^2 \\ \vdots & \vdots & \vdots & \ddots & \vdots \\ x_1^n & x_2^n & x_3^n & \cdots & x_N^n \end{pmatrix} \quad \boldsymbol{y} = \begin{pmatrix} y_1 \\ y_2 \\ y_3 \\ \vdots \\ y_N \end{pmatrix} \quad \boldsymbol{\theta} = \begin{pmatrix} \theta_0 \\ \theta_1 \\ \theta_2 \\ \theta_3 \\ \vdots \\ \theta_n \end{pmatrix}$$

である。式 (3.17) より、パラメータ $\boldsymbol{\theta}$ は以下の式 (3.18) で得られる。

$$\boldsymbol{\theta} = \left(\boldsymbol{\Phi}\boldsymbol{\Phi}^{\top}\right)^{-1}\boldsymbol{\Phi}\boldsymbol{y} \tag{3.18}$$

行列の演算ではその行と列の大きさに注意する。式 (3.18) の各行列のサイズを図示すると図 3.4 のようになる。

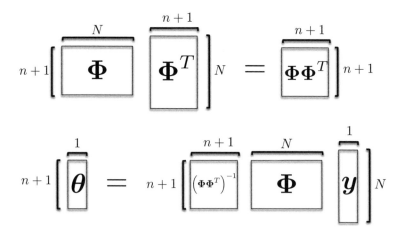

図 **3.4** 式 (3.18) の各行列の大きさ

3.4 Python による実装

前節までの結果を元に実際にパラメータ $\boldsymbol{\theta}$ を Python を使用して計算する。パラメータ $\boldsymbol{\theta}$ は式 (3.18) で求められる。Python では科学計算モジュール NumPy を使用することで数値演算、行列演算を高速かつ効率的に行うことができる。NumPy を使用することで、式 (3.18) はそのまま記述し解を求めることができる。計算結果はグラフ描画モジュール matplotlib を使用して可視化する。ここでは NumPy および matplotlib を使用し、表 3.1 のデータを最小二乗法で多項式近似を行い、その結果をグラフで可視化する。

冒頭で `import numpy`、`import matplotlib.pyplot` と記述することで NumPy と matplotlib が使用できる。これらのモジュールに含まれる行列の積を計算する関数 `dot` などを使用する際には `numpy.dot` と記述するが、`numpy` を短く省略形で記述するために

```
import numpy as np
```

と記述する。このように記述することで `numpy` を `np` と記述でき、`numpy.dot` は `np.dot` と記述できる。慣例的に `numpy` は `np`、`matplotlib.pyplot` は `plt` と表記されることが多い。この慣例に従って記述すると、プログラム冒頭で以下のように記述する。

```
#coding:utf-8
import numpy as np
import matplotlib.pyplot as plt
```

表 3.1 のデータを使って、式 (3.18) の $\boldsymbol{\Phi}$ は式 (3.19) と記述できる。

$$
\begin{aligned}
\mathbf{\Phi} &= \begin{pmatrix} x_1^0 & x_2^0 & x_3^0 & \cdots & x_{10}^0 \\ x_1^1 & x_2^1 & x_3^1 & \cdots & x_{10}^1 \end{pmatrix} \\
&= \begin{pmatrix} 1 & 1 & 1 & \cdots & 1 \\ -0.1660 & 0.4406 & -0.9998 & \cdots & 0.0776 \end{pmatrix}
\end{aligned} \tag{3.19}
$$

これを Python で記述する。まず、表 3.1 の x_i を以下のように NumPy の 1 次元リスト x に格納する。

```
x = np.array( [ -0.1660,  0.4406, -0.9998, -0.3953, -0.7065,
    -0.8153, -0.6275, -0.3089, -0.2065,  0.0776 ])
```

　目的変数と説明変数の関係を n 次式で表す場合、$\mathbf{\Phi}$ は $n+1$ 行 × データ数の列数の行列となる。k 行目が x の $k-1$ 乗である行列はリスト内包表現を使うと次のように記述できる。

```
Phi = np.array( [ x**k for k in range( n+1 ) ] )
```

このように記述すると Phi は 1 行目が x の 0 乗、$n+1$ 行目が x の n 乗の行列となる。

　求めたい適切なパラメータ $\boldsymbol{\theta}$ は式 (3.18) で得られる。行列 A の転置行列は A.T、行列 A と行列 B の行列の積は np.dot(A, B)、行列 A の逆行列は np.linalg.inv(A) で得られる。式 (3.18) は Python では以下のように記述できる。

```
theta = np.dot( np.dot( np.linalg.inv( np.dot( Phi, Phi.T ) ),
    Phi ), y )
```

　目的変数の予測値 $\hat{\boldsymbol{y}}$ は適切なパラメータ $\boldsymbol{\theta}$ を用いて

$$
\hat{\boldsymbol{y}} = \mathbf{\Phi}^{\mathsf{T}} \boldsymbol{\theta} \tag{3.20}
$$

で求められる。これは Python では以下のように記述できる。

```
pred_y = np.dot( Phi.T, theta )
```

　目的変数 y と予測値 pred_y の平均二乗誤差 mse は以下で求められる。

```
mse = (( y - pred_y )**2 ).mean()
```

　次にデータおよび予測関係式のグラフを描画する。表 3.1 のデータの散布図は matplotlib で下記のように記述することで描ける。

```
plt.scatter( x, y, color='blue' )
```

　導出したパラメータ theta による予測値の直線（曲線）を描画するためにはまず、描画区間の x の値を設定する。xx = np.linspace(-1.0,

　+1.0，201 ）で −1 から +1 までを等間隔に 201 点に分割した値を xx に
設定する。xx に対応した **Φ** を前述の通り計算し、これを p に代入する。
この p と theta の積で予測値のベクトルが得られる。xx とこの予測値を
plt.plot を使うと前の点座標との現在の点座標との間を接続させたグラ
フが描画される。よって予測値で得られた回帰直線（曲線）は下記の記述
で描ける。

```
xx = np.linspace( -1.0, +1.0, 201 )
P = np.array( [ xx**k for k in range( n+1 ) ])
plt.plot( xx, np.dot( P.T, theta ), color='red' )
```

以上をまとめると以下の Program 3.1 となる。

Program 3.1

```
 1  #coding:utf-8
 2  import numpy as np
 3  import matplotlib.pyplot as plt
 4
 5  n = 1 # 推定次数
 6  x = np.array( [ -0.1660,  0.4406, -0.9998, -0.3953, -0.7065, -0.8153, -0.6275,
        -0.3089, -0.2065,  0.0776 ])
 7  y = np.array( [  0.1834,  0.4484, -0.6679, -0.2110, -0.3043, -0.7490, -0.4156,
        -0.1510,  0.0879,  0.1060 ])
 8  Phi = np.array( [ x**k for k in range( n+1 ) ] )
 9  theta = np.dot( np.dot( np.linalg.inv( np.dot( Phi, Phi.T ) ), Phi ), y )
10  print('theta =', theta )
11  pred_y = np.dot( Phi.T, theta )
12  mse = ((y-pred_y)**2).mean()
13  print('MSE=', mse )
14
15  xx = np.linspace( -1.1, +1.1, 221 )
16  P = np.array( [ xx**k for k in range( n+1 ) ])
17  plt.xlim([-1.1,+1.1])
18  plt.ylim([-0.8,+1.1])
19  plt.xlabel('X', fontsize=18)
20  plt.ylabel('Y', fontsize=18)
21  plt.plot( xx, np.dot(P.T, theta), color='red' )
22  plt.scatter( x, y, color='blue', marker='*' )
23  plt.show()
```

　　　　このプログラムは表 3.1 のデータから各データの y_i とその予測値との誤
差二乗和が最小となる $n=1$ の近似式（1 次の線形方程式）のパラメータ
$\boldsymbol{\theta}$ を導出し、グラフに描画する。描画結果は図 3.3 のようになり、またパ

ラメータ $\boldsymbol{\theta}$ は

```
theta =
[[0.14179177]
 [0.83369774]]
```

となる。したがってこの時の最も適切な近似直線は

$$\hat{y}_i = 0.83369774x_i + 0.14179177 \tag{3.21}$$

である。

またこの時の平均二乗誤差 MSE は

```
MSE= 0.012867522653313318
```

である。

[3章のまとめ]

この章では，

1. 最小二乗法による線形回帰
2. 最小二乗法による多項式回帰
3. Python による結果の可視化

について学びました。

3章 演習問題

[**演習 3.1**] (x_i, y_i) のデータが N 組与えられている。これらのデータを最小二乗法を用いて

$$\hat{y} = \theta_1 x + \theta_0 \tag{3.22}$$

で近似した場合の θ_0、θ_1 を求めよ。なお x_i の平均値を $\bar{x}$、分散を s_x^2、y_i の平均値を $\bar{y}$、分散を s_y^2、x_i と y_i の共分散を s_{xy} とする。

[**演習 3.2**] 表 3.2(a)(b) に示す 2 組の 11 個のデータをそれぞれ最小二乗法を用いて n 次多項式で近似し誤差を算出し、適切な n について考察せよ。

表 **3.2** データ

x_i	y_i	x_i	y_i
-1.0	-0.26114704	-1.0	0.06372203
-0.8	0.04081065	-0.8	-0.08154063
-0.6	0.40065032	-0.6	0.29501597
-0.4	0.65437830	-0.4	0.43978457
-0.2	0.66576410	-0.2	0.83884562
0.0	0.36474044	0.0	-0.09556730
0.2	-0.21419675	0.2	0.13476560
0.4	-0.89358835	0.4	-1.04582973
0.6	-1.31461206	0.6	-1.25080424
0.8	-0.89868233	0.8	-0.94855641
1.0	1.19094953	1.0	1.48337112
(a)		(b)	

[解 3.1]

$$\hat{y} = \theta_1 x + \theta_0 \tag{3.23}$$

で近似した場合の平均二乗誤差 $E(\boldsymbol{\theta})$ は

$$E(\boldsymbol{\theta}) = \frac{1}{N} \sum_{k=1}^{N} (y_k - \theta_1 x_k - \theta_0)^2 \tag{3.24}$$

$E(\boldsymbol{\theta})$ が最小となるのはパラメータ $\boldsymbol{\theta}$ で偏微分した際に 0 になるとき。

$$\begin{cases} \dfrac{\partial E(\boldsymbol{\theta})}{\partial \theta_0} = \dfrac{2}{N} \sum_{k=1}^{N} (y_k - \theta_1 x_k - \theta_0) = 0 \\ \dfrac{\partial E(\boldsymbol{\theta})}{\partial \theta_1} = \dfrac{2}{N} \sum_{k=1}^{N} (y_k - \theta_1 x_k - \theta_0) x_k = 0 \end{cases} \tag{3.25}$$

よって

$$\begin{cases} \dfrac{\partial E(\boldsymbol{\theta})}{\partial \theta_0} = 2\overline{y} - 2\theta_1 \overline{x} - \theta_0 = 0 \\ \dfrac{\partial E(\boldsymbol{\theta})}{\partial \theta_1} = 2\overline{xy} - 2\theta_1 \overline{x^2} - \theta_0 \overline{x} = 0 \end{cases} \tag{3.26}$$

これらから

$$\begin{cases} \theta_1 = \dfrac{\overline{xy} - \overline{x} \cdot \overline{y}}{\overline{x^2} - \overline{x}^2} = \dfrac{s_{xy}}{s_x^2} \\ \theta_0 = \overline{y} - \dfrac{s_{xy}}{s_x^2} \overline{x} \end{cases} \tag{3.27}$$

である。

[解 3.2]　Program 3.2 で最小二乗法で n 次多項式の n の値を 1 から 10 まで変化させ、各 n に対して得られた適切なパラメータとその際の平均二乗誤差 MSE を求める。なお Program 3.2 は表 3.2(a) のデータに対するパラメータと MSE を求めているが、Program 3.2 の 12 行目、15 行目および 21 行目の ya を yb に書き換えれば表 3.2(b) に対するパラメータと MSE を求められる。

Program 3.2

```
1  #coding: utf-8
2  import numpy as np
3  import matplotlib.pyplot as plt
4
5  x = np.arange( -1, +1.1, 0.2 )
6  ya = np.array([-0.26114704, 0.04081065, 0.40065032, 0.65437830, 0.66576410, 0.36474044,
       -0.21419675, -0.89358835, -1.31461206, -0.89868233, 1.19094953])
7  yb = np.array([ 0.06372203, -0.08154063, 0.29501597, 0.43978457, 0.83884562, -0.09556730,
       0.13476560, -1.04582973, -1.25080424, -0.94855641, 1.48337112])
8
9  for n in range( 1, 11 ):
10     print('n=', n )
11     Phi = np.array([ x**k for k in range( n+1 ) ])
```

```
12   theta = np.dot( np.dot( np.linalg.inv( np.dot( Phi, Phi.T ) ), Phi ), ya )
13   print('theta =', theta )
14   pred_y = np.dot( Phi.T, theta )
15   mse = ((ya-pred_y)**2).mean()
16   print('MSE=', mse )
17
18   xx = np.linspace( -1.0, +1.0, 201 )
19   P = np.array( [ xx**k for k in range( n+1 ) ])
20   y_pred = np.dot( P.T, theta )
21   plt.scatter( x, ya, color='blue' )
22   plt.plot( xx, y_pred, color='red' )
23   plt.show()
```

Program 3.2 で得られる表 3.2(a)(b) のデータに対する次数 n ごとの MSE を表 3.3 に示す。

表 3.3　表 3.2(a)(b) のデータに対する次数 n ごとの MSE

次数	平均二乗誤差 (MSE)	
	表 3.2(a)	表 3.2(b)
$n = 1$	0.5218201185922173	0.5980608472418736
$n = 2$	0.5205681017215507	0.5778505273864106
$n = 3$	0.13517364597381817	0.2423525968568783
$n = 4$	0.002323549021090925	0.041696695950378324
$n = 5$	6.0447131770505954e$-$18	0.0387515411556903
$n = 6$	6.005010720204158e$-$18	0.036866005618947956
$n = 7$	5.95826625329752 64e$-$18	0.03683503554183356
$n = 8$	1.22008593295 52808e$-$18	0.036551018118408087
$n = 9$	7.489202322931686e$-$20	0.03589813156024835
$n = 10$	4.6752008657083836e$-$20	1.8092424248597733e$-$19

表 3.2(a) のデータは

$$y_i = (x_i - 0.912)(x_i + 0.823)(x_i - 0.134)(x_i + 1.457)(x_i + 2.489) \tag{3.28}$$

で生成されたものである。一方、表 3.2(b) のデータは式 (3.28) に平均 0、標準偏差 0.2 の正規分布の誤差を加えたものである。このことと表 3.3 の結果から考察する。

4章　過剰適合

[ねらい]

　前章では与えられた説明変数の多項式で得られる予測値と目的変数との平均二乗誤差が最小となるモデルのパラメータを求める方法、最小二乗法について説明した。前節の結果から平均二乗誤差を小さくするためには多項式の最高次数を高くすればよかった。最小二乗法を使用して予測することの目的は与えられた説明変数と目的変数との関係を関数で近似し、適切な予測値を得ることである。誤差が含まれる目的変数と目的変数の予測値との平均二乗誤差が最小となるようにパラメータを推定すると与えられた目的変数の誤差分までを最小化するため、パラメータが過剰にデータに適合してしまう可能性がある。このような現象を過剰適合（オーバーフィッティング）という。本章では過剰適合の検出方法とその対策について考える。

[この章の項目]

過剰適合（オーバーフィッティング）
交差検証（クロスバリデーション）
正則化

4.1　過剰適合と交差検証

前章では線形回帰、多項式回帰について扱った。説明変数と目的変数との関係が多項式で表される場合、多項式に基づいた目的変数の予測値と目的変数との平均二乗誤差が最小となるパラメータが最適値とする。この最適なパラメータは平均二乗誤差式をパラメータで偏微分し、それらが 0 になる点を求めることで得ることができた。表 4.1 のような 10 組の目的変数と説明変数 (x_i, y_i) のデータが与えられた際に、多項式の次数と平均二乗誤差とはどのような関係があるのか考える。式 (4.1) に示す n 次多項式で与えられる目的変数の予測値 $\hat{y}_i$ と与えられた目的変数 y_i との平均二乗誤差 $E(\boldsymbol{\theta})$ が最小となるようにパラメータを決定する。

表 4.1　説明変数 x_i と目的変数 y_i

x_i	−0.4000	−0.5667	0.2333	0.0000	0.0667
y_i	−0.3333	−0.2333	0.2667	0.2333	0.3000
x_i	−0.3333	0.3333	0.5000	−0.6000	−0.2333
y_i	−0.0667	0.4667	0.4333	−0.3000	0.0667

$$\hat{y}_i = \sum_{k=0}^{n} \theta_k x_i^k \tag{4.1}$$

$$E(\boldsymbol{\theta}) = \frac{1}{2N} \sum_{i=1}^{N} \left(\sum_{k=0}^{n} \theta_k x_i^k - y_i \right)^2 \tag{4.2}$$

平均二乗誤差 $E(\boldsymbol{\theta})$ が最小となるパラメータは式 (4.2) を偏微分し、その値が 0 となる連立方程式を解くことで次のように与えられる。

$$\boldsymbol{\theta} = \left(\boldsymbol{\Phi}\boldsymbol{\Phi}^\mathsf{T} \right)^{-1} \boldsymbol{\Phi}\boldsymbol{y} \tag{4.3}$$

ここで

$$\boldsymbol{\Phi} = \begin{pmatrix} 1 & 1 & 1 & \cdots & 1 \\ x_1 & x_2 & x_3 & \cdots & x_N \\ x_1^2 & x_2^2 & x_3^2 & \cdots & x_N^2 \\ \vdots & \vdots & \vdots & \ddots & \vdots \\ x_1^n & x_2^n & x_3^n & \cdots & x_N^n \end{pmatrix} \quad \boldsymbol{y} = \begin{pmatrix} y_1 \\ y_2 \\ y_3 \\ \vdots \\ y_N \end{pmatrix} \quad \boldsymbol{\theta} = \begin{pmatrix} \theta_0 \\ \theta_1 \\ \theta_2 \\ \theta_3 \\ \vdots \\ \theta_n \end{pmatrix}$$

である。

　このようにパラメータ $\boldsymbol{\theta}$ は多項式の次数 n とデータが与えられれば決定

できる。

　n を変化させ式 (4.3) でパラメータ $\boldsymbol{\theta}$ を決定した際のパラメータによる近似曲線は以下の Program 4.1 で描画することができる。

Program 4.1

```
1   #coding:utf-8
2   import numpy as np
3   import matplotlib.pyplot as plt
4
5   x = np.array( [ -0.1660,  0.4406, -0.9998, -0.3953, -0.7065, -0.8153, -0.6275,
        -0.3089, -0.2065,  0.0776 ])
6   y = np.array( [  0.1834,  0.4484, -0.6679, -0.2110, -0.3043, -0.7490, -0.4156,
        -0.1510,  0.0879,  0.1060 ])
7   xx = np.linspace( -0.7, +0.71, 141 )
8   for n in range( 1, 11 ):   # 次数nを 1 から 11 まで変化させる
9       Phi = np.array( [ x**k for k in range( n+1 ) ] )
10      theta = np.dot( np.dot( np.linalg.inv( np.dot( Phi, Phi.T ) ), Phi ), y )
11      mse = (( y - np.dot( Phi.T, theta ) )**2 ).mean()
12      print('n= {0:2d} : {1:7.5f}'.format( n, mse ) )
13      plt.scatter( x, y, color='blue' ) # 散布図の描画
14      P = np.array( [xx**k for k in range( n+1 )] )
15      plt.ylim([-0.5,+0.5])
16      plt.xlim([-0.7,+0.7])
17      plt.plot( xx, np.dot( P.T, theta ), color='red', linewidth='1.0' )
18      plt.show()
```

Program 4.1 で描画できるデータの散布図とそれぞれの次数 n での多項式回帰結果を図 4.1 に、平均二乗誤差を表 4.2 および図 4.2 に示す。表 4.2、図 4.2 に示すように次数 n の増加に伴い平均二乗誤差は減少し $n = 9$ で 0 となるが、$n = 10$ で増加する。平均二乗誤差が最も小さくなるパラメータが最も適切であるとすると、$n = 9$ の多項式が最も適切となる。しかし、多くの人が図 4.3 を見て、多くの人は直感的にこの曲線は「適切でない」と感じるであろう。確かに図 4.3 の曲線は全てのデータ点を通り、平均二乗誤差は 0 となるが、無理に全てのデータ点を通る曲線のように感じられる。

▶[最小二乗法のプログラムでの計算に関して]
　ここでは定義通り、$\boldsymbol{\Phi}\boldsymbol{\Phi}^\mathsf{T}$ の逆行列を np.linalg.inv で直接求めているが、QR 分解などの三角分解法で求める方が安定して求めることができる。

表 **4.2**　表 4.1 を n 次多項式回帰した際の n に対する平均二乗誤差

n	1	2	3	4	5
MSE	0.01287	0.01159	0.01132	0.00967	0.00952
n	6	7	8	9	10
MSE	0.00261	0.00200	0.00027	0.00000	0.00025

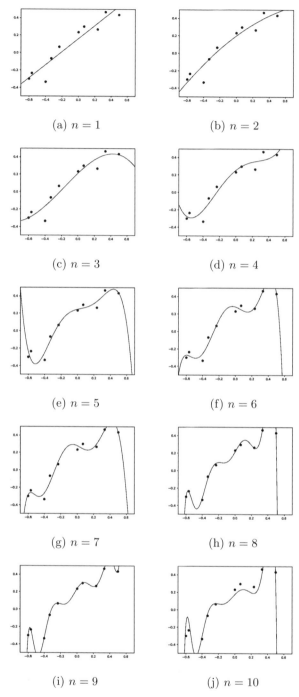

(a) $n = 1$ (b) $n = 2$

(c) $n = 3$ (d) $n = 4$

(e) $n = 5$ (f) $n = 6$

(g) $n = 7$ (h) $n = 8$

(i) $n = 9$ (j) $n = 10$

図 **4.1**　表 4.1 のデータと式 (4.3) の n 次多項式回帰結果

　　最小二乗法でのパラメータは式 (4.3) で決定される。式 (4.3) に含まれる $\boldsymbol{\Phi}$ は N 個の説明変数とそれらを 0 乗から n 乗した $N \times (n+1)$ の長方行

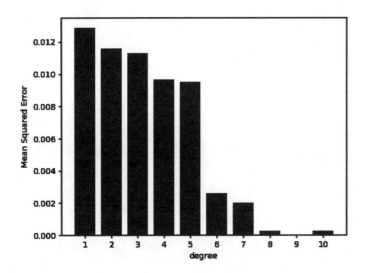

図 **4.2**　表 4.1 を n 次多項式回帰した際の n に対する平均二乗誤差

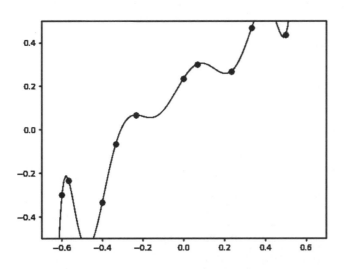

図 **4.3**　表 4.1 のデータを $n = 9$ の多項式で近似した場合

列である。$\mathbf{\Phi}\mathbf{\Phi}^{\mathsf{T}}$ は以下のような $(n+1) \times (n+1)$ の行列となる。

$$\mathbf{\Phi}\mathbf{\Phi}^{\mathsf{T}} = \begin{pmatrix} \displaystyle\sum_{k=1}^{N} x_k^0 & \displaystyle\sum_{k=1}^{N} x_k^1 & \cdots & \displaystyle\sum_{k=1}^{N} x_k^{n-1} & \displaystyle\sum_{k=1}^{N} x_k^n \\ \displaystyle\sum_{k=1}^{N} x_k^1 & \displaystyle\sum_{k=1}^{N} x_k^2 & \cdots & \displaystyle\sum_{k=1}^{N} x_k^n & \displaystyle\sum_{k=1}^{N} x_k^{n+1} \\ \vdots & \vdots & \ddots & \vdots & \vdots \\ \displaystyle\sum_{k=1}^{N} x_k^{n-1} & \displaystyle\sum_{k=1}^{N} x_k^n & \cdots & \displaystyle\sum_{k=1}^{N} x_k^{2n-2} & \displaystyle\sum_{k=1}^{N} x_k^{2n-1} \\ \displaystyle\sum_{k=1}^{N} x_k^n & \displaystyle\sum_{k=1}^{N} x_k^{n+1} & \cdots & \displaystyle\sum_{k=1}^{N} x_k^{2n-1} & \displaystyle\sum_{k=1}^{N} x_k^{2n} \end{pmatrix} \tag{4.4}$$

▶[表 4.2 および図 4.2 で $n = 10$ のときの結果が得られている理由]

　表 4.1 のデータ数は 10 であるため式 (4.4) の $\mathbf{\Phi}\mathbf{\Phi}^{\mathsf{T}}$ のランクは 10 以下である。n 次多項式ではパラメータ数が $n+1$ 個であるので $n \leq 9$ でなければ $\mathbf{\Phi}\mathbf{\Phi}^{\mathsf{T}}$ の逆行列は存在しない。プログラムではこの $\mathbf{\Phi}\mathbf{\Phi}^{\mathsf{T}}$ の逆行列を np.linalg.inv で求めており、引数が正則でない行列の場合、エラーとなる。しかし、内部での計算誤差によりエラーとはならずに逆行列（のようなもの）が計算できてしまう。実際、計算で得られた $\mathbf{\Phi}\mathbf{\Phi}^{\mathsf{T}}$ の逆行列と $\mathbf{\Phi}\mathbf{\Phi}^{\mathsf{T}}$ を掛け合わせても単位行列にはならない。このようにコンピュータでの数値計算は答えが得られるから正しいとは言えない場合があり、注意が必要である。

　この行列のランクは

$$\mathrm{rank}(\mathbf{\Phi}\mathbf{\Phi}^{\mathsf{T}}) \leq N \tag{4.5}$$

である。$n+1 \leq N$ でなければ式 (4.4) の $\mathbf{\Phi}\mathbf{\Phi}^{\mathsf{T}}$ の逆行列は存在しない。表 4.1 のデータ数は 10 であることから $N = 10$、したがって $n \leq 9$ でなければ式 (4.4) の $\mathbf{\Phi}\mathbf{\Phi}^{\mathsf{T}}$ の逆行列は存在しない。このため、$n \geq 10$ ではパラメータ $\boldsymbol{\theta}$ は式 (4.3) では決定できなくなる。

　以上のようにデータ数が N の場合、多項式の次数 n を $n = N-1$ に設定すれば平均二乗誤差は 0 となる。平均二乗誤差が 0 となるパラメータを用いて未知の説明変数から予測した結果はどのようになるのかを、表 4.3 のデータセットを用いて考える。表 4.3 はある式から生成した目的変数値に正規分布に従うノイズを加算してできた 30 組のデータである。このデータを生成した式を適切に推定することができるのであれば、30 組のデータのうち 20 組のデータのみを使っても予測は可能である。そこで 20 組のデー

表 **4.3**　データ

x_i	−0.0017	0.0418	0.0411	0.0335	0.1949
y_i	−0.1765	−0.0915	−0.0929	−0.1082	−0.0235
x_i	−0.2201	0.2622	0.1161	−0.0513	−0.0570
y_i	−0.0139	0.0411	0.0112	−0.2320	−0.2333
x_i	−0.2671	−0.2283	0.2265	0.0357	0.2866
y_i	−0.3249	−0.0351	−0.0330	−0.1037	0.1970
x_i	−0.0313	−0.2184	−0.0439	−0.1028	−0.1977
y_i	−0.2184	−0.0106	−0.2286	−0.1977	−0.0012
x_i	0.1983	0.0666	−0.2654	−0.0733	0.1139
y_i	−0.0260	−0.0450	−0.3033	−0.2300	0.0101
x_i	−0.0456	−0.1715	−0.2114	0.0584	0.2585
y_i	−0.2295	−0.0407	−0.0019	−0.0594	0.0264

タで予測を行い、残り 10 組のデータで予測精度を評価する。

　20 組のデータで平均二乗誤差が最小となるように多項式回帰を行う場合、$n = 19$、すなわち 19 次式の多項式で近似すれば先の議論の通り平均二乗誤差は 0 となる。しかしこの時これらのパラメータを導出するのに使用した 20 組以外の 10 組データでは平均二乗誤差がどのようになるのかを実験する。表 4.3 の 30 組のデータを 10 組のデータ 3 セットに分割し、これらのデータセットを A、B、C とし、これらのデータセットの分布を図 4.4 に示す。

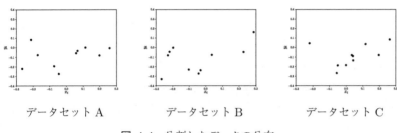

データセット A　　　　データセット B　　　　データセット C

図 4.4　分割したデータの分布

　これら 3 個のデータセットを用い、データセット A、B でパラメータを決定しそのパラメータをデータセット C で評価（＃ 1）、同様にデータセット A、C でパラメータを決定しデータセット B で評価（＃ 2）、データセット B、C でパラメータを決定しデータセット A で評価（＃ 3）する。多項式次数 n を 1 から 10 まで変化させた際の平均二乗誤差 (MSE) で予測結果を評価した結果を表 4.4 に示す。表 4.4 の 'train' 列はパラメータを決定する際の

表 4.4　次数 n に対する各データセットの平均二乗誤差 (MSE)

degree	＃ 1		＃ 2		＃ 3	
	train	eval	train	eval	train	eval
$n = 1$	0.01276	0.01114	0.01034	0.01629	0.01294	0.01046
$n = 2$	0.00912	0.01129	0.00823	0.01387	0.01116	0.00706
$n = 3$	0.00904	0.01134	0.00805	0.01562	0.01075	0.00817
$n = 4$	0.00789	0.00964	0.00658	0.01584	0.00889	0.00749
$n = 5$	0.00110	**0.00239**	0.00093	**0.00499**	0.00118	0.00182
$n = 6$	0.00105	0.00249	0.00092	0.00583	0.00118	0.00178
$n = 7$	0.00090	0.00270	0.00067	0.02801	0.00112	**0.00170**
$n = 8$	0.00083	0.00267	0.00067	0.03143	0.00112	0.00175
$n = 9$	0.00074	0.00296	0.00059	0.16617	0.00112	0.00182
$n = 10$	**0.00071**	0.00296	**0.00055**	0.29905	**0.00099**	0.00210

平均二乗誤差を、'eval' はパラメータを決定する際に使用しなかったデータセットでの平均二乗誤差を表す。この結果が示すように、パラメータを決定する際には多項式の次数を上げることに伴い平均二乗誤差は減少する。しかしながらパラメータを決定するのには使用しなかったデータセットでは次数を低い次数から上げるのに伴い平均二乗誤差は減少するものの、あるところからは増加しはじめる。表 4.4 の $\#$ 1 および $\#$ 2 では $n = 5$ で、$\#$ 3 では $n = 7$ で平均二乗誤差が最小値を示している。この結果からこのデータは $n = 5$ で近似するのが妥当ではないかと考えられる。

多項式回帰の最小二乗法では前述の通り、データ数 N に対して多項式の次数 n は大きくなると共に誤差は減少し、$n = N - 1$ のとき誤差は 0 となる。しかしながら、パラメータ決定に用いていないデータで評価を行うと $n = N - 1$ よりも小さい値で誤差は最小となる。このことから $n = N - 1$ では平均二乗誤差を最小にすることはできているが、そのデータが持つ本質的な関係を抽出することはできていないといえる。パラメータを決定するために用いていないデータで評価した際に平均二乗誤差が最小になったパラメータが本質的なデータの関係を抽出しているともいえる。このように与えられたデータに対して過度に回帰式を適合させてしまうことを**過剰適合** (overfitting)（**オーバーフィッティング**）という。

過剰適合を抑制するためには与えられたデータをいくつかのデータセットに分解し、パラメータを決定するためのデータ（**訓練用データ**: training data）とこれを評価するためのデータ（**検証用データ**: validation data）に分割し、訓練と評価を適切に行う必要がある。訓練データを使ってパラメータを決定したモデルが、パラメータ決定に関わっていない他のデータでも同様な予測性能が得られるかどうかの性能のことを**汎化性能** (generalized performance) という。汎化性能を高めるためには過剰適合の発生を抑制する必要がある。先の例ではデータを 3 セットに分割し、これらを訓練用と検証用とに割り当てて性能を評価した。このようにデータを k セットに分割し、$k - 1$ セットで訓練し、残りで検証することを k 回繰り返し、その結果の平均値で評価を決める方法を **k-分割交差検証** (k-fold cross-validation) という。この方法はデータを k に分割し、k 回（k 種類）の結果で汎化性能を判断するが、k 回行わなければならないため時間を要する。これに対し、データを 7:3 などで訓練用と検証用とに分割し、訓練結果を検証する方法を**ホールドアウト法** (hold-out validation) という。ホールドアウト法では 1 種類しかデータの検証を行わないため k-分割交差検証と比較して高速ではあるが、汎化性能の評価は困難である。

表 4.4 の結果に依れば $n = 5$ が適切な次数ではないかと推測できる。そこで表 4.3 のデータ 30 組全てを用いて $n = 5$ で多項式回帰を行った。その結果得られたパラメータからこのデータの関係は下記の式となる。

▶[過剰適合]
過剰適合は

● オーバーフィッティング (overfitting)
● 過学習 (overtraining)

ともいう。

▶[交差検証]
データを分割し、その一部で学習を行い、残る部分でその学習のテストを行い、学習の検証・確認を行う手法を「交差検証」(cross-validation) という。「交差検証」には

● ホールドアウト検証
● k-分割交差検証

などがある。

$$\hat{y} = 1057.5x^5 - 106.36x^4 - 92.591x^3 + 8.1282x^2 - 1.9431x - 1.7848 \times 10^{-4}$$
$$(4.6)$$

表 4.3 のデータは以下の式 (4.7) で生成した出力 y に正規分布に従うノイズを加算したものを目的変数値としていた。

$$y = 1000.0x^5 - 108.33x^4 - 85.972x^3 + 8.3333x^2 - 1.7708x - 1.7495 \times 10^{-4}$$
$$(4.7)$$

式 (4.7) のように元の式は 5 次多項式であったが、表 4.4 が示す結果のように k-分割交差検証では $n = 5$ が適切であるとこの場合は正しく推定できている。また式 (4.6) と式 (4.7) を比較すると、各係数も非常によく推定できていることがわかる。これらのデータの散布図と式 (4.6) の回帰曲線を実線で、式 (4.7) の元の生成式による曲線を点線で図 4.5 に示す。図中の丸印マーカーの点で学習を行い、星印マーカーの点は検証に用いた点である。図 4.5 が示すように交差検証によって元の生成式の次数を適切に推定することができ、その予測曲線も非常に精度よく得られている。

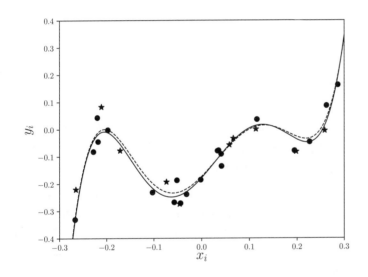

図 4.5　表 4.3 のデータと回帰曲線 (実線) および元の生成式による曲線 (点線)

4.2　正則化

　多項式では次数が高くなればより複雑な数式でデータを表現することができるが、過剰に表現された結果、汎化性能が劣ってしまう。そこで設定すべきパラメータに何らかの制限を与えることで、過剰に適合してしまうことを回避することを考える。パラメータに制限を与えることで過剰適合

を避け、汎化能力を高める方法を正則化 (regularization) という。

多項式回帰では平均二乗誤差は式 (4.2) で表され、$E(\boldsymbol{\theta})$ の値が最小になるようにパラメータ $\boldsymbol{\theta}$ を決定した。このパラメータの大きさに対して式 (4.2) に以下のようなペナルティ項を加える。

$$\hat{E}(\boldsymbol{\theta}) = \frac{1}{2N} \sum_{i=1}^{N} \left(\sum_{k=0}^{n} \theta_k x_i^k - y_i \right)^2 + \frac{\alpha}{2} \sum_{k=0}^{n} \theta_k^2 \qquad (4.8)$$

式 (4.8) の $\sum_{k=0}^{n} \theta_k^2$ の項を L2 ノルム という。式 (4.8) を最小化する際、L2 ノルムの最小値はパラメータ $\boldsymbol{\theta} = 0$ のとき 0 であるがその際、式 (4.8) の第 1 項は大きくなる。第 1 項と第 2 項とのバランスはパラメータ α で調整され、第 2 項がペナルティとして働く。式 (4.8) をベクトルを使って表記すると

$$\hat{E}(\boldsymbol{\theta}) = \frac{1}{2N} \left(\boldsymbol{\Phi}^\mathsf{T} \boldsymbol{\theta} - \boldsymbol{y} \right)^\mathsf{T} \left(\boldsymbol{\Phi}^\mathsf{T} \boldsymbol{\theta} - \boldsymbol{y} \right) + \frac{\alpha}{2} \boldsymbol{\theta}^\mathsf{T} \boldsymbol{\theta} \qquad (4.9)$$

となる。式 (4.9) は各パラメータに対して下に凸の 2 次関数であるため最小値となるのは偏微分値が 0 のときである。したがって下記の式が得られる。

$$\nabla \hat{E}(\boldsymbol{\theta}) = \frac{1}{N} \boldsymbol{\Phi} \left(\boldsymbol{\Phi}^\mathsf{T} \boldsymbol{\theta} - \boldsymbol{y} \right)^\mathsf{T} + \alpha \boldsymbol{\theta} = 0 \qquad (4.10)$$

式 (4.10) からパラメータ $\boldsymbol{\theta}$ は以下のように導出できる。

$$\boldsymbol{\theta} = \left(\boldsymbol{\Phi} \boldsymbol{\Phi}^\mathsf{T} + \lambda \boldsymbol{I} \right)^{-1} \boldsymbol{\Phi} \boldsymbol{y} \qquad (4.11)$$

▶[リッジ回帰]

1. A. E. Hoerl, R. W. Kennard, "Ridge Regression: Biased Estimation for Nonorthogonal Problems," Technometrics, vol. 12, no. 1, pp. 5567, 1970.
2. A. E. Hoerl, R. W. Kennard, "Ridge Regression: Applications to Nonorthogonal Problems." Technometrics, vol. 12, no. 1, pp. 69-82, 1970,

このようにパラメータ $\boldsymbol{\theta}$ の L2 ノルム を損失関数に正則化項として付加した回帰法をリッジ回帰 (Ridge regression) という。$n = 2$ の場合のリッジ回帰の損失関数 $\hat{E}(\boldsymbol{\theta})$ の模式図を図 4.6 に示す。それぞれの中心が式 (4.8) の第 1 項および第 2 項の最小値である。すなわちリッジ回帰はパラメータ α によって二つの同心円の中心を結んだ直線上で λ に応じた最小値を探索している。第 1 項の中心からずれた位置が最小値になるため、誤差は最小にはならず過剰適合を抑制する。図 4.6 で原点を中心とした同心円は L2 ノルムの正則化項を、右上の同心円は平均二乗誤差を表す。

L2 ノルムの代わりにパラメータベクトルの L1 ノルムを損失関数のペナルティ項にする場合もある。

▶[θ_0 の正則化]
　θ_0 は多項式において定数項、すなわちバイアスであり、説明変数の原点の選び方に依存するため θ_0 は正則化の対象外とすることも多い。図 4.6 は θ_0 を除外し、θ_1 と θ_2 のみを示している。なお、θ_0 を正則化の対象外とする場合、式 (4.11) の正則化項 $\alpha \boldsymbol{I}$ は $\alpha (\boldsymbol{I} - \boldsymbol{E}_{1,1})$ となる。

$$\hat{E}(\boldsymbol{\theta}) = \frac{1}{2N} \sum_{i=1}^{N} \left(\sum_{k=0}^{n} \theta_k x_i^k - y_i \right)^2 + \alpha \sum_{k=0}^{n} |\theta_k| \qquad (4.12)$$

式 (4.12) の $\alpha \sum_{k=0}^{n} |\theta_k|$ の項を L1 ノルムという。

L1 ノルム を損失関数に正則化項として付加した回帰法をラッソ回帰 (LASSO regression) という。この場合、$\hat{E}(\boldsymbol{\theta})$ には絶対値が含まれている

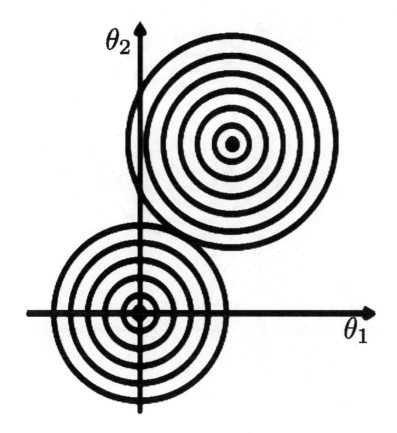

図 4.6　リッジ回帰での損失関数の概念図

ため、最小となるパラメータ $\boldsymbol{\theta}$ は解析的に得られず、反復法などで求解する必要がある。ここでリッジ回帰と同様に $n = 2$ の場合のラッソ回帰の損失関数 $\hat{E}(\boldsymbol{\theta})$ の模式図を図 4.7 に示す。ラッソ回帰の場合、L1 ノルムの正則化項は原点を中心として等高線が菱形状を呈する。平均二乗誤差は同心円状で、平均二乗誤差の等高線と正則化項が接するのは多くの場合軸上で接し、その点が最適解となる。パラメータ $\boldsymbol{\theta}$ の軸上で接すると、そのパラメータは 0 となる。パラメータが 0 になるとその次元の説明変数は不要であることを意味する。すなわち重要な説明変数を抽出することができ、また次元を圧縮することが可能となる。

　正則化の効果を Program 4.2 のプログラムによるシミュレーションで確認する。データは表 4.3 の 30 組を用い、最初の 20 個を訓練用、残りの 10 個を評価用に用いる。訓練に用いるデータ数が 20 なので、次数は $n = 19$ とする。このようにすれば計算誤差が無ければ与えられた訓練用データ全てを通るパラメータが得られる。このモデルに対してリッジ回帰を行う。正則化パラメータ α は 0 の時には正則化は行われず、α の値が大きくなる

▶[ラッソ回帰]
　Least absolute shrinkage and selection operator: Lasso

1. F. Santosa, W. W. Symes, "Linear inversion of band-limited reflection seismograms," SIAM Journal on Scientific and Statistical Computing, vol. 7, no. 4, pp. 13071330, 1986.
2. R. Tibshirani, "Regression Shrinkage and Selection via the lasso," Journal of the Royal Statistical Society, vol. 58, no. 1, pp. 26788, 1996.

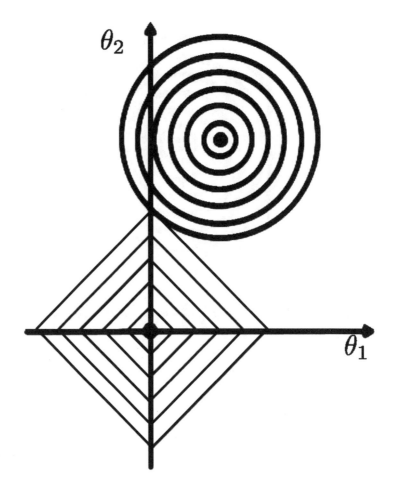

図 **4.7**　Lasso 回帰での損失関数の概念図

とパラメータに対する制約が強くなる。

Program 4.2

```
1  # coding:utf-8
2  import numpy as np
3  import matplotlib.pyplot as plt
4
5  data = np.array([ [-0.0017, -0.1851], [ 0.0418, -0.1354], [ 0.0411, -0.0908], [
       0.0335, -0.0791], [ 0.1949, -0.0785], [-0.2201, 0.0433], [ 0.2622,  0.0862], [
       0.1161,  0.0363], [-0.0513, -0.1870], [-0.0570, -0.2675], [-0.2671, -0.3310],
       [-0.2283, -0.0819], [ 0.2265, -0.0464], [ 0.0357, -0.0772], [ 0.2866, 0.1624],
       [-0.0313, -0.2382], [-0.2184, -0.045 ], [-0.0439, -0.2709], [-0.1028, -0.2313],
        [-0.1977, -0.0018], [ 0.1983, -0.0819], [ 0.0666, -0.0333], [-0.2654,
       -0.2203], [-0.0733, -0.1929], [ 0.1139, 0.0005], [-0.0456, -0.2739], [-0.1715,
       -0.0781], [-0.2114,  0.0827], [ 0.0584, -0.0569], [ 0.2585, -0.0054] ])
```

```
 6
 7  train = data[:20]    # 最初の20組を訓練データ
 8  eval  = data[20:]    # 残りは評価データ
 9  n = 19    # 次数の設定
10  alpha = 10**(-30) # 正則化パラメータ
11  # 訓練用データの生成
12  Phi = np.array( [train[:,0]**k for k in range( n+1 )] )
13  # 評価用データの生成
14  eval_Phi = np.array( [eval[:,0]**k for k in range( n+1 )] )
15  IE = np.identity( n+1 )   # 単位行列
16  IE[0,0] = 0   # バイアス項は正則化から除外
17  theta = np.dot( np.dot( np.linalg.inv( np.dot( Phi, Phi.T ) + alpha * IE ), Phi ), train
       [:,1] )
18  # 誤差の導出
19  train_mse = (( train[:,1] - np.dot( Phi.T, theta ) )**2 ).mean()
20  eval_mse  = (( eval[:,1]  - np.dot( eval_Phi.T, theta ) )**2 ).mean()
21  print('n= {0:2d} : Train MSE={1:7.5f} Eval MSE={2:7.5f}'.format( n, train_mse, eval_mse
       ) )
22
23  # 訓練データの描画
24  plt.scatter( train[:,0], train[:,1], color='black' )
25  # 評価データの描画
26  plt.scatter( eval[:,0],  eval[:,1],  color='black', marker='*'  )
27  xx = np.linspace( -0.3, +0.3, 61 )
28  # グラフ描画用データの生成
29  P = np.array( [xx**k for k in range( n+1 )] )
30  plt.ylim([-0.4,+0.4])
31  plt.xlim([-0.3,+0.3])
32  plt.plot( xx, np.dot( P.T, theta ), color='red', linewidth='1.0' )
33  plt.show() # グラフの表示
```

α を変化させた際の回帰曲線の様子と、訓練時の誤差 (Train error)、評価時の誤差 (Eval error) を図 4.8 に示す。これらの実験結果から正則化パラメータ α が大きくなると制約が厳しくなるため、回帰直線が次第に緩やかになっていることがわかる。すなわち正則化項によって関数の表現能力が抑制されている。

$\log_{10}\alpha = -30$ では α が 0 に近く、パラメータに対する制約は殆どないため、訓練時の誤差はこの 4 種類の実験の中では最も小さくなる。一方、評価時の誤差はこの場合が最も大きいため、このパラメータでは過剰適合が発生しているといえる。α を大きくしていくと次第にパラメータの制約条件が効いてくるため訓練時の誤差は次第に大きくなるものの、評価時の

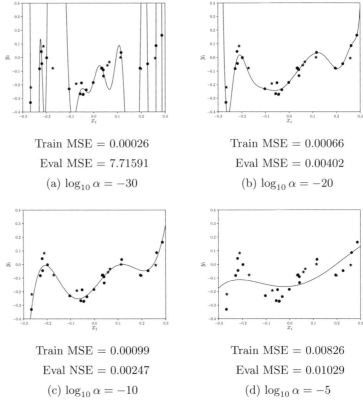

図 **4.8**　正則化パラメータ α に応じたリッジ回帰結果

誤差は減少する。しかしながら $\log_{10}\alpha = -5$ まで大きくすると評価時の誤差も大きくなり、正則化が効きすぎている。結果としてこれら 4 種の中では $\log_{10}\alpha = -10$ の場合が最も適切なパラメータ値といえる。適切な正則化パラメータ α の値は多項式回帰の次数 n および訓練に用いるデータの分布に依存するため実験的に求めなければならない。

[4章のまとめ]

この章では，

1. 過剰適合（オーバーフィッティング）
2. 交差検証（クロスバリデーション）
3. 正則化

について学びました。

4章　演習問題

[演習 4.1]　下記の Program 4.3 で生成される 100 組のデータセット [data_x,data_y] を Ridge 回帰で分析せよ。なおクロスバリデーションで最良の Ridge 回帰の次数 n および正則化パラメータ alpha を導出し、回帰分析結果を考察せよ。

Program 4.3

```
1  # coding: utf-8
2  import numpy as np
3  import matplotlib.pyplot as plt
4
5  def func( x ):
6    return ( np.sin(-3.14*x)+np.cos(5.76*x+0.43)+np.sin(0.12*x-0.11) )/3
7
8  sample_number = 100
9  np.random.seed(1)
10 data_x = 4.0 * np.random.rand(sample_number)-2.0
11 data_y = func( data_x ) + 0.1 * np.random.randn(sample_number)
12
13 plt.scatter( data_x, data_y, color='blue' )
14 plt.xlabel('data_x')
15 plt.ylabel('data_y')
16 plt.show()
```

上記のプログラムは 100 組のデータセット [data_x,data_y] を生成し、それらを図 4.9 のように散布図で示す。

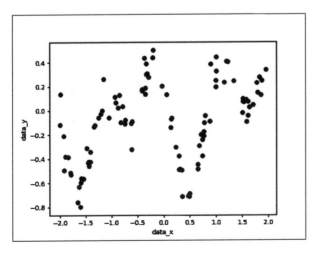

図 4.9　[演習 4.1] のデータの散布図

[**解** 4.1]　Program 4.3 で生成される 100 組のデータセット [data_x,data_y] を Program 4.4 で Ridge 回帰で分析する。

Program 4.4

```python
# coding: utf-8
import numpy as np
import matplotlib.pyplot as plt

def func( x ):
  return ( np.sin(-3.14*x)+np.cos(5.76*x+0.43)+np.sin(0.12*x-0.11) )/3

sample_number = 100
np.random.seed(1)
data_x = 4.0 * np.random.rand(sample_number)-2.0
data_y = func( data_x ) + 0.1 * np.random.randn(sample_number)

train_x = data_x[:80] # 先頭から 80個は学習用データ
train_y = data_y[:80]
eval_x = data_x[80:] # 残り 20個は検証用データ
eval_y = data_y[80:]

min_train_mse = 100
min_train_n = 1
min_train_a = -1
min_eval_mse  = 100
min_eval_n = 1
min_eval_a = -1
for n in range( 1, 21 ):
    Phi = np.array( [train_x**k for k in range( n+1 )] )
    eval_Phi = np.array( [eval_x**k for k in range( n+1 )] )
    IE = np.identity( n+1 )
    IE[0,0] = 0
    for a in range( -1, -10, -1 ):
        theta = np.dot( np.dot( np.linalg.inv( np.dot( Phi, Phi.T ) + (10**a) * IE ), Phi ), train_y )
        train_mse = (( train_y - np.dot( Phi.T, theta ) )**2 ).mean() # 訓練時の誤差
        eval_mse  = (( eval_y  - np.dot( eval_Phi.T, theta ) )**2 ).mean() # 評価時の誤差
        print('n= {0:2d} log10(alpha)={1:2d} : Train error={2:7.5f} Eval error={3:7.5f}'.format( n, a, train_mse, eval_mse ) )
        if train_mse < min_train_mse:
            min_train_mse, min_train_n, min_train_a = train_mse, n, a
        if eval_mse < min_eval_mse:
            min_eval_mse, min_eval_n, min_eval_a = eval_mse, n, a

# 学習時平均二乗誤差最小パラメータでの結果
Phi = np.array( [train_x**k for k in range( min_train_n+1 )] )
```

```
41  IE = np.identity( min_train_n+1 )
42  IE[0,0] = 0
43  theta = np.dot( np.dot( np.linalg.inv( np.dot( Phi, Phi.T ) + (10**min_train_a) * IE ), Phi
        ), train_y )
44  plt.scatter( train_x, train_y, color='black' ) # 訓練データの描画
45  plt.scatter( eval_x,  eval_y,  color='black' ) # 評価データの描画
46  xx = np.linspace( -0.2, +0.201, 401 )   #  -0.7から+0.7まで141点分割（グラフ描画用）
47  P = np.array( [xx**k for k in range( min_train_n+1 )] )   # グラフ描画用データの生成
48  plt.plot( xx, np.dot( P.T, theta), color='black', linewidth='1.0' )
49  plt.plot( xx, func(xx), color='black', linewidth='1.0', linestyle='dashed' )
50  plt.xlabel('data_x')
51  plt.ylabel('data_y')
52  plt.show()
53
54  # 検証時平均二乗誤差最小パラメータでの結果
55  Phi = np.array( [train_x**k for k in range( min_eval_n+1 )] )
56  IE = np.identity( min_eval_n+1 )
57  IE[0,0] = 0
58  theta = np.dot( np.dot( np.linalg.inv( np.dot( Phi, Phi.T ) + (10**min_eval_a) * IE ), Phi
        ), train_y )
59  plt.scatter( train_x, train_y, color='black' ) # 訓練データの描画
60  plt.scatter( eval_x,  eval_y,  color='black' ) # 評価データの描画
61  xx = np.linspace( -0.2, +0.201, 401 )   #  -0.7から+0.7まで141点分割（グラフ描画用）
62  P = np.array( [xx**k for k in range( min_eval_n+1 )] )   # グラフ描画用データの生成
63  plt.plot( xx, np.dot( P.T, theta), color='black', linewidth='1.0' )
64  plt.plot( xx, func(xx), color='black', linewidth='1.0', linestyle='dashed' )
65  plt.xlabel('data_x')
66  plt.ylabel('data_y')
67  plt.show()
```

上記の Program 4.4 で多項式の次数 n および正規化パラメータ a を変化させ、学習時および検証時の平均二乗誤差 (MSE) の最小値とその時のパラメータセットを探索する。Program 4.4 ではデータの前半 80 個で訓練し、残り 20 個で検証するホールドアウト法を用いている。

　Program 4.4 は与えられたデータの前半 80 個を訓練用、残り 20 個を検証用として、次数 n を 11 から 19 まで、Ridge 正則化パラメータ $\log_{10} \alpha$ を -11 から -19 まで変化させ、それぞれのパラメータに対する訓練用データおよび検証用データの MSE を求める。これら MSE のデータを表 4.5 に示す。

　表 4.5 内で訓練時 MSE が最小となったのは、n=19、$\log_{10} \alpha = -12 (\alpha = 10^{-12})$ の時

```
訓練時MSE Train MSE : 0.006399235536327677
評価時MSE Eval MSE : 0.01798133850164627
```

である。この時の回帰曲線を図 4.10(a) に示す。

　表 4.5 内で検証時 MSE が最小となったのは、n=12、$\log_{10} \alpha = -14 (\alpha = 10^{-14})$ の時

```
訓練時MSE Train MSE : 0.00783608586017234
評価時MSE Eval MSE : 0.01338144870587756
```

である。この時の回帰曲線を図 4.10(b) に示す。

表 4.5　[演習 4.1] の Ridge 回帰の次数 n および正則化パラメータ **alpha** に対する MSE（上段：訓練用データの MSE、下段：検証用データの MSE）

dim.	$\log_{10} \alpha$								
	−11	−12	−13	−14	−15	−16	−17	−18	−19
11	1.1648966e-02	1.1648966e-02	1.1648966e-02	1.1648966e-02	1.1648966e-02	1.1648966e-02	1.1648966e-02	1.1648966e-02	1.1648966e-02
	2.0564727e-02	2.0564727e-02	2.0564727e-02	2.0564727e-02	2.0564727e-02	2.0564727e-02	2.0564727e-02	2.0564727e-02	2.0564727e-02
12	7.8360859e-03	7.8360859e-03	7.8360859e-03	7.8360859e-03	7.8360859e-03	7.8360859e-03	7.8360859e-03	7.8360859e-03	7.8360859e-03
	1.3381449e-02	1.3381449e-02	1.3381449e-02	<u>1.3381449e-02</u>	1.3381449e-02	1.3381449e-02	1.3381449e-02	1.3381449e-02	1.3381449e-02
13	7.3456312e-03	7.3456312e-03	7.3456312e-03	7.3456312e-03	7.3456312e-03	7.3456312e-03	7.3456312e-03	7.3456312e-03	7.3456312e-03
	1.3871042e-02	1.3871042e-02	1.3871041e-02	1.3871041e-02	1.3871041e-02	1.3871041e-02	1.3871041e-02	1.3871041e-02	1.3871041e-02
14	7.0406998e-03	7.0406998e-03	7.0406998e-03	7.0406998e-03	7.0406998e-03	7.0406998e-03	7.0406998e-03	7.0406998e-03	7.0406998e-03
	1.3944776e-02	1.3944776e-02	1.3944776e-02	1.3944776e-02	1.3944776e-02	1.3944776e-02	1.3944776e-02	1.3944776e-02	1.3944776e-02
15	6.9684919e-03	6.9684919e-03	6.9684919e-03	6.9684919e-03	6.9684919e-03	6.9684919e-03	6.9684919e-03	6.9684919e-03	6.9684919e-03
	1.3944778e-02	1.3944780e-02	1.3944779e-02	1.3944777e-02	1.3944776e-02	1.3944776e-02	1.3944776e-02	1.3944776e-02	1.3944776e-02
16	6.7959974e-03	6.7959974e-03	6.7959974e-03	6.7959974e-03	6.7959974e-03	6.7959974e-03	6.7959974e-03	6.7959974e-03	6.7959974e-03
	1.3872812e-02	1.3872807e-02	1.3872800e-02	1.3872804e-02	1.3872804e-02	1.3872804e-02	1.3872804e-02	1.3872804e-02	1.3872804e-02
17	6.6564497e-03	6.6564497e-03	6.6564497e-03	6.6564497e-03	6.6564497e-03	6.6564497e-03	6.6564497e-03	6.6564497e-03	6.6564497e-03
	1.5417963e-02	1.5417926e-02	1.5418000e-02	1.5418062e-02	1.5417870e-02	1.5417870e-02	1.5417870e-02	1.5417870e-02	1.5417870e-02
18	6.4108798e-03	6.4108797e-03	6.4108807e-03	6.4108797e-03	6.4108798e-03	6.4108798e-03	6.4108798e-03	6.4108798e-03	6.4108798e-03
	1.7243698e-02	1.7243562e-02	1.7242616e-02	1.7243985e-02	1.7243585e-02	1.7243585e-02	1.7243585e-02	1.7243585e-02	1.7243585e-02
19	6.3992369e-03	<u>6.3992355e-03</u>	6.3994252e-03	6.3993158e-03	6.3993558e-03	6.3993558e-03	6.3993558e-03	6.3993558e-03	6.3993558e-03
	1.7990216e-02	1.7981339e-02	1.7986264e-02	1.7994724e-02	1.7978635e-02	1.7978635e-02	1.7978635e-02	1.7978635e-02	1.7978635e-02

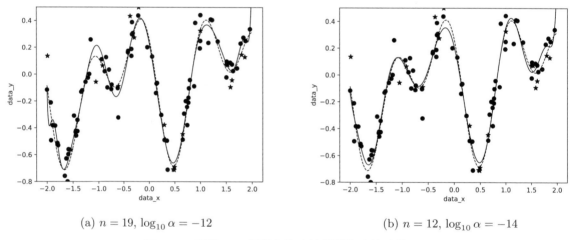

(a) $n = 19, \log_{10} \alpha = -12$　　　　　　(b) $n = 12, \log_{10} \alpha = -14$

図 4.10　演習 4.1 の回帰曲線　実線:推測値 点線:真値

5章　最尤推定法

[ねらい]

　モデルの予測値とデータの差を評価する損失関数を定義し、この損失関数の値が最小となるパラメータを探索する方法が最小二乗法であった。本章では観測した目的変数値はモデルにある確率分布に従ったノイズが加算された値であるとして、目的関数値が得られる確率が最大となるパラメータを求める方法である最尤推定法について考える。ノイズの確率分布が正規分布である時、最尤推定法と最小二乗法は結果が一致することを確かめる。

[この章の項目]

確率分布
正規分布
最尤推定法
MAP 推定法

5.1 最尤推定法

最小二乗法は説明変数に対する目的変数の予測値を求め、この予測値と実際の目的変数値との損失関数である平均二乗誤差値が最小となるパラメータを導出する方法であった。すなわち説明変数に対応した観測した目的変数値により近い目的変数の予測値が得られるモデルのパラメータを探索する手法である。このため観測した目的変数値を全て予測できるモデルが最も適したものといえるが、これは一般に過剰適合している場合が多い。また、最小二乗法では観測した目的変数には誤差は含まれていないとする仮定がある。

ここでは見方を変え、観測した目的変数値はモデルで得られた値にある確率分布に従ったノイズが加算された値であるとする。例えば表 5.1 に示すような説明変数 X と目的変数 Y を考える。

▶[最尤推定法]
R. A. Fisher が 1912 年から 1922 年に開発。Fisher は最尤法だけでなく、「フィッシャーの線形判別関数」「フィッシャー情報行列」なども提案している。

1. R. A. Fisher, "On the mathematical foundations of theoretical statistics," Philosophical Transactions of the Royal Society, A 222: 309-368, 1922.

表 5.1 説明変数 X と目的変数 Y の例

x_i	0.0	1.0	2.0	3.0	4.0	5.0
y_i	0.326	0.249	1.167	1.571	0.364	0.261
x_i	6.0	7.0	8.0	9.0	10.0	
y_i	-0.376	-0.975	-1.014	-0.106	0.238	

これらの説明変数 X、目的変数 Y の関係は関数 $f(x_i)$ で記述できるとし、これにある分布のノイズ Noise が加算されているとすると式 (5.1) のように記述できる。

$$y_i = f(x_i) + \text{Noise} \tag{5.1}$$

これらの関係は図 5.1 に示すようになる。図 5.1 で各点は与えられた説明変数、目的変数のデータであり、曲線がこれらから導出された近似曲線 $f(x_i)$ である。いま観測した目的変数は $f(x_i)$ にある分布のノイズ Noise が加算されているとする。例えばこのノイズが平均 0、分散 σ^2 の正規分布に従うとすると、x_i に対してモデルが $f(x_i)$ であるとき y_i が得られる確率密度関数 $\mathcal{N}\left(y_i|f(x_i),\sigma^2\right)$ は

$$\mathcal{N}\left(y_i|f(x_i),\sigma^2\right) = \frac{1}{\sqrt{2\pi\sigma^2}} \exp\left(-\frac{1}{2\sigma^2}\left(y_i - f(x_i)\right)^2\right) \tag{5.2}$$

で与えられる。これは確率密度であるがこれを x_i に対してモデルが $f(x_i)$ であるとき y_i が得られる確率とみなしてしまう。

このとき、全ての説明変数と観測した目的変数の組 (x_i, y_i), $i = 1, 2, \cdots, N$ が得られる確率 P は以下のように計算できる。

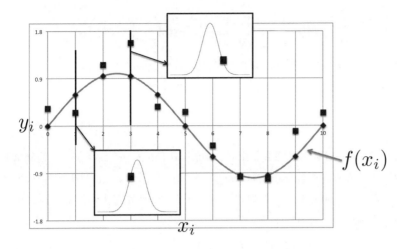

図 **5.1**　表 5.1 のデータとモデル、ノイズの関係

$$
\begin{aligned}
P &= \mathcal{N}\left(y_1 | f(x_1), \sigma^2\right) \times \mathcal{N}\left(y_2 | f(x_2), \sigma^2\right) \times \cdots \times \mathcal{N}\left(y_N | f(x_N), \sigma^2\right) \\
&= \prod_{i=1}^{N} \mathcal{N}\left(y_i | f(x_i), \sigma^2\right)
\end{aligned}
$$

$$(5.3)$$

式 (5.3) で計算される確率は、説明変数と目的変数の関係を表すモデルが $f(x_i)$ で与えられている時、目的変数に平均 0、分散 σ^2 の正規分布に従うノイズが加算されているとして観測された目的変数 y_i が観測された確率を表す。すなわちモデルが $f(x_i)$ であるときに y_i が観測された「尤もらしさ」を表すこととなる。このため式 (5.3) で表される関数を「**尤度関数**」という。

　加算されたノイズが平均 0、分散 σ^2 の正規分布に従う場合、この P がどのような形なるかを考える。式 (5.3) の $\mathcal{N}\left(y_i | f(x_i), \sigma^2\right)$ は式 (5.2) のように表すことができる。従って

$$
\begin{aligned}
P &= \prod_{i=1}^{N} \left(\frac{1}{\sqrt{2\pi\sigma^2}}\right) \exp\left(-\frac{1}{2\sigma^2}\left(y_i - f(x_i)\right)^2\right) \\
&= \left(\frac{1}{\sqrt{2\pi\sigma^2}}\right)^N \exp\left(-\frac{1}{2\sigma^2}\sum_{i=1}^{N}\left(y_i - f(x_i)\right)^2\right)
\end{aligned}
$$

$$(5.4)$$

モデル $f(x_i)$ による目的変数の予測値と観測された目的変数 y_i の平均二乗誤差和はモデル $f(x_i)$ のパラメータを $\boldsymbol{\theta}$ とすると次式のように表すことができる。

$$
E\left(\boldsymbol{\theta}\right) = \frac{1}{2N}\sum_{i=1}^{N}\left(y_i - f(x_i)\right)^2
$$

$$(5.5)$$

従って尤度関数 P は $\boldsymbol{\theta}$ と σ の関数として式 (5.6) となる。

▶[ノイズの確率分布に関して]
　ここではノイズの分布を正規分布に従うとしたが、この分布はどのようなものでも良い。

$$P\left(\boldsymbol{\theta},\sigma\right)=\left(\frac{1}{\sqrt{2\pi\sigma^2}}\right)^N\exp\left(-\frac{N}{\sigma^2}E\left(\boldsymbol{\theta}\right)\right) \tag{5.6}$$

式 (5.6) の値が最大となる $\boldsymbol{\theta}$ と σ を求めればよい。この計算を簡単にするため式 (5.6) の両辺を対数をとると式 (5.7) となる。

$$\ln P\left(\boldsymbol{\theta},\sigma\right)=-\frac{N}{2}\ln 2\pi-N\ln\sigma-\frac{N}{\sigma^2}E\left(\boldsymbol{\theta}\right) \tag{5.7}$$

式 (5.7) を「**対数尤度関数**」(log-likelihood function) という。対数は単調増加関数であることから $P\left(\boldsymbol{\theta},\sigma\right)$ が最大となることと $\ln P\left(\boldsymbol{\theta},\sigma\right)$ が最大となることは同値である。対数尤度関数 $\ln P\left(\boldsymbol{\theta},\sigma\right)$ が最大となるのは以下の条件を満足したときである。

$$\begin{cases} \dfrac{\partial\left(\ln P\left(\boldsymbol{\theta},\sigma\right)\right)}{\partial\theta_m}=0, & \forall m \\[4mm] \dfrac{\partial\left(\ln P\left(\boldsymbol{\theta},\sigma\right)\right)}{\partial\sigma}=0 \end{cases} \tag{5.8}$$

このとき、尤度関数 $P\left(\boldsymbol{\theta},\sigma\right)$ も以下を満足して最大となる。

$$\begin{cases} \dfrac{\partial\left(P\left(\boldsymbol{\theta},\sigma\right)\right)}{\partial\theta_m}=0, & \forall m \\[4mm] \dfrac{\partial\left(P\left(\boldsymbol{\theta},\sigma\right)\right)}{\partial\sigma}=0 \end{cases} \tag{5.9}$$

よって

$$\frac{\partial\left(\ln P\left(\boldsymbol{\theta},\sigma\right)\right)}{\partial\theta_m}=-\frac{1}{\sigma^2}\frac{\partial E(\boldsymbol{\theta})}{\partial\theta_m}=0, \qquad \forall m \tag{5.10}$$

式 (5.10) を満足するパラメータ $\boldsymbol{\theta}$ を求めればよい。

ここで説明変数 X と目的変数 Y との関係を表す関数 $f(x_i)$ が n 次多項式で表すことができる場合を考える。すなわち式 (5.11) で記述できるとする。

$$\hat{y}_i=f(x_i)=\sum_{k=0}^{n}\theta_k x_i^k \tag{5.11}$$

このとき式 (5.10) は

$$\frac{\partial E(\boldsymbol{\theta})}{\partial\theta_m}=\frac{1}{N}\sum_{i=1}^{N}\left(\sum_{k=0}^{n}\theta_k x_i^k\right)x_i^m=0, \qquad m=0,1,\ldots,n \tag{5.12}$$

となる。これは式 (3.16) と同等である。したがってこれを式 (3.17) と同じように行列表現すれば、パラメータ $\boldsymbol{\theta}$ は式 (5.13) となる。

$$\boldsymbol{\theta}=\left(\boldsymbol{\Phi}\boldsymbol{\Phi}^{\mathsf{T}}\right)^{-1}\boldsymbol{\Phi}\boldsymbol{y} \tag{5.13}$$

これは式 (3.18) に示す最小二乗法で求めた最適な係数パラメータと同じ結

果である。すなわち最小二乗法はモデルに正規分布に従うノイズが加算されたとして最尤推定をした結果と同じであるといえる。

また

$$\ln P\left(\boldsymbol{\theta}, \sigma\right) = -\frac{N}{2}\ln 2\pi - N\ln\sigma - \frac{N}{\sigma^2}E(\boldsymbol{\theta}) \tag{5.14}$$

であるので、

$$\frac{\partial\left(\ln P\left(\boldsymbol{\theta}, \sigma\right)\right)}{\partial\sigma} = -\frac{N}{\sigma} + \frac{2N}{\sigma^3}E(\boldsymbol{\theta}) = 0 \tag{5.15}$$

となる。よって

$$\sigma^2 = 2E(\boldsymbol{\theta}) = \frac{1}{N}\sum_{i=1}^{N}\left(y_i - f(x_i)\right)^2 \tag{5.16}$$

となる。したがって、最適な σ^2 はデータの平均二乗誤差となる。

以上のようにパラメータを決定する方法を**最尤推定法** (maximum likelihood estimation) という。

例題

表 5.2　データ例

x_i	−0.0017	0.0418	0.0411	0.0335	0.1949
y_i	−0.1851	−0.1354	−0.0908	−0.0791	−0.0785
x_i	−0.2201	0.2622	0.1161	−0.0513	−0.0570
y_i	0.0433	0.0862	0.0363	−0.1870	−0.2675
x_i	−0.2671	−0.2283	0.2265	0.0357	0.2866
y_i	0.0433	0.0862	0.0363	−0.1870	−0.2675
x_i	−0.0313	−0.2184	−0.0439	−0.1028	−0.1977
y_i	−0.2382	−0.0450	−0.2709	−0.2313	−0.0018
x_i	0.1983	0.0666	−0.2654	−0.0733	0.1139
y_i	−0.0819	−0.0333	−0.2203	−0.1929	0.0005
x_i	−0.0456	−0.1715	−0.2114	0.0584	0.2585
y_i	−0.2739	−0.0781	0.0827	−0.0569	−0.0054

表 5.2 に示す 30 個のデータを x_i を設計変数、y_i を目的変数としてモデルを多項式回帰で記述し、最尤推定法でパラメータを決定する。

まず 30 個のデータを 10 個づつ 3 組に分割し、k-分割交差検証を行い、多項式回帰の次数 n を決定する。k-分割交差検証の結果を図 5.2 に示す。図 5.2 の k-分割交差検証結果より $n = 5$ に決定した。

次に $n = 5$ の多項式のパラメータを 30 個全てのデータを使用し決定する。決定したパラメータを用いて得られる目的変数の予測値と観測した目

degree	# 1		# 2		# 3	
	train	eval	train	eval	train	eval
n=1	0.01276	0.01114	0.01034	0.01629	0.01294	0.01046
n=2	0.00912	0.01129	0.00823	0.01387	0.01116	0.00706
n=3	0.00904	0.01134	0.00805	0.01562	0.01075	0.00817
n=4	0.00789	0.00964	0.00658	0.01584	0.00889	0.00749
n=5	0.00110	**0.00239**	0.00093	**0.00499**	0.00118	0.00182
n=6	0.00105	0.00249	0.00092	0.00583	0.00118	0.00178
n=7	0.00090	0.00270	0.00067	0.02801	0.00112	**0.00170**
n=8	0.00083	0.00267	0.00067	0.03143	0.00112	0.00175
n=9	0.00074	0.00296	0.00059	0.16617	0.00112	0.00182
n=10	**0.00071**	0.00296	**0.00055**	0.29905	**0.00099**	0.00210

図 5.2 表 5.2 のデータを 3 分割した k-分割交差検証結果

的変数との平均二乗誤差から最尤推定法のパラメータ σ は以下のように推定される。

$$\sigma = \sqrt{\mathrm{MSE}} = \sqrt{0.001332} = 0.0365 \tag{5.17}$$

以上は Program 5.1 を用いて計算できる。

Program 5.1

```
1  # -*- coding: utf-8 -*-
2  import numpy as np
3  import matplotlib.pyplot as plt
4
5  x = np.array([ -0.0017, 0.0418, 0.0411, 0.0335, 0.1949, -0.2201, 0.2622, 0.1161,
       -0.0513, -0.0570, -0.2671, -0.2283, 0.2265, 0.0357, 0.2866, -0.0313, -0.2184,
       -0.0439, -0.1028, -0.1977, 0.1983, 0.0666, -0.2654, -0.0733, 0.1139, -0.0456,
       -0.1715, -0.2114, 0.0584, 0.2585])
6  y = np.array([-0.1851, -0.1354, -0.0908, -0.0791, -0.0785, 0.0433, 0.0862, 0.0363,
       -0.1870, -0.2675, -0.3310, -0.0819, -0.0464, -0.0772, 0.1624, -0.2382, -0.0450,
       -0.2709, -0.2313, -0.0018, -0.0819, -0.0333, -0.2203, -0.1929, 0.0005,
       -0.2739, -0.0781, 0.0827, -0.0569, -0.0054])
7
8  Phi = np.array([ x**i for i in range( 6 ) ])
9  theta = np.dot( np.dot( np.linalg.inv( np.dot( Phi, Phi.T ) ), Phi ), y )
10
11 x_pred = np.linspace( x.min(), x.max(), 5000 )
12 pred_Phi = np.array([ x_pred**i for i in range( 6 ) ])
13 y_pred = np.dot( pred_Phi.T, theta )
14
15 mse = (( np.dot( Phi.T, theta ) - y )**2 ).mean()
16 sigma = np.sqrt( mse )
17 print('MSE=', mse, '  Sigma=', sigma )
```

```
18
19  plt.plot( x_pred, y_pred, color='red' ) # 予測曲線の描画
20  plt.scatter( x, y ) # トレーニングデータの描画
21  plt.fill_between( x_pred, y_pred+sigma*3, y_pred-sigma*3, alpha=0.1, label='sigma')
22  plt.fill_between( x_pred, y_pred+sigma, y_pred-sigma, alpha=0.1, label='sigma')
23  plt.show()
```

Program 5.1 で表 5.2 のデータを最尤推定法で得られた結果を図 5.3 に示す。図 5.3 ではグラフに $\pm\sigma$ および $\pm3\sigma$ の領域を付加している。$\pm\sigma$ の領域にはデータの約 68% が、$\pm3\sigma$ の領域にはデータの約 99.7% が含まれ、この領域の大きさがモデルの自信度を表しているといえる。

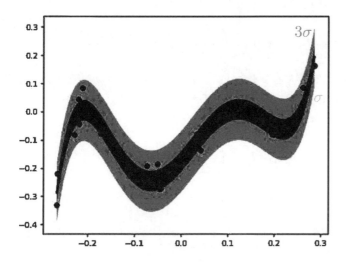

図 5.3 表 5.2 のデータの最尤推定法による結果

5.2 MAP 推定法

前節で取り扱った最尤推定法は

1. 目的変数 y_i に誤差がない場合に成り立つ説明変数 x_i と目的変数 y_i の関係式のパラメータを推定する
2. 目的変数 y_i の誤差 ϵ はある確率分布に従って発生と仮定する

$$y_i + \epsilon = f(x_i) + \epsilon \tag{5.18}$$

3. 観測したデータが仮定した誤差分布から最も得られやすいとみなせる

　　　　　　　　　　ようにパラメータを決定する

という手順でモデルを構築し、そのモデルがどの程度の誤差を有している
のかを評価した。

　最尤推定法では観測したデータに加算されているノイズの分布を仮定す
ることでモデルのパラメータを決定したが、モデルのパラメータそのものが
ある確率分布に従う確率変数であると考える。ある確率分布に従ってモデ
ルのパラメータ $\boldsymbol{\theta}$ が設定されているとして目的変数が観測された確率（事
後確率）が最大となるようにパラメータ $\boldsymbol{\theta}$ の分布確率（事前分布）を調整
する。このような手法を「**最大事後確率 (Maximum a posteriori probability;
MAP) 推定法**」という。これは言い換えればモデルのパラメータの推定結
果の確実度を求めていることになる。

　ここでは簡単化のためにまず目的変数が観測された確率（事後確率）分
布は式 (5.19) に示す正規分布であると仮定する。

▶[事後確率分布に関して]
　ここでは簡単のために事後
確率分布は正規分布であると
仮定しているが、分布はどの
ようなものであっても良い。

$$P(\boldsymbol{y}|\boldsymbol{\theta}) = \left(\frac{1}{\sqrt{2\pi\sigma^2}}\right)^N \exp\left(-\frac{E(\boldsymbol{\theta})}{\sigma^2}\right) \tag{5.19}$$

　事後確率が最大となるように事前確率を調整するが、事前確率は事後確
率に近い形の分布を設定する。すなわちこの場合、事前確率も式 (5.20) に
示す正規分布であると仮定する。

$$P(\boldsymbol{\theta}) = \mathcal{N}\left(\boldsymbol{\theta}|\boldsymbol{0}, \alpha^2\boldsymbol{I}\right) = \left(\frac{1}{\sqrt{2\pi\alpha^2}}\right)^n \exp\left(-\frac{1}{2}\boldsymbol{\theta}^\mathsf{T}\left(\frac{\boldsymbol{I}}{\alpha^2}\right)\boldsymbol{\theta}\right) \tag{5.20}$$

　式 (5.19) および式 (5.20) より

$$P(\boldsymbol{y}|\boldsymbol{\theta})P(\boldsymbol{\theta}) = \left(\frac{1}{\sqrt{2\pi\sigma^2}}\right)^N \left(\frac{1}{\sqrt{2\pi\alpha^2}}\right)^n \exp\left(-\frac{E(\boldsymbol{\theta})}{\sigma^2} - \frac{1}{2}\boldsymbol{\theta}^\mathsf{T}\left(\frac{\boldsymbol{I}}{\alpha^2}\right)\right) \tag{5.21}$$

式 (5.21) の最大値を求めるため、式 (5.21) の対数をとる。

$$\ln P(\boldsymbol{y}|\boldsymbol{\theta})P(\boldsymbol{\theta}) = -\frac{N\ln 2\pi}{2} - N\ln\sigma - \frac{E(\boldsymbol{\theta})}{\sigma^2} - \frac{n\ln 2\pi}{2} - n\ln\alpha - \frac{\boldsymbol{\theta}^\mathsf{T}\boldsymbol{\theta}}{2\alpha^2} \tag{5.22}$$

式 (5.22) が最大値となるのは下記の条件を満足したとき。

$$\frac{\partial \ln P(\boldsymbol{y}|\boldsymbol{\theta})P(\boldsymbol{\theta})}{\partial\boldsymbol{\theta}} = -\frac{1}{\sigma^2}\left(\boldsymbol{\Phi}\boldsymbol{\Phi}^\mathsf{T}\right)\boldsymbol{\theta} + \frac{1}{\sigma^2}\boldsymbol{\Phi}\boldsymbol{y} - \frac{1}{\alpha^2}\boldsymbol{\theta} = 0 \tag{5.23}$$

式 (5.23) より MAP 推定法によるモデルのパラメータ $\boldsymbol{\theta}$ は以下のように導
出できる。

$$\boldsymbol{\theta} = \left(\boldsymbol{\Phi}\boldsymbol{\Phi}^\mathsf{T} + \frac{\sigma^2}{\alpha^2}\boldsymbol{I}\right)\boldsymbol{\Phi}\boldsymbol{y} \tag{5.24}$$

式 (5.24) の結果は最小二乗法に正則化項を加えた場合の式 (4.11) と同じ結
果である。すなわち MAP 推定法はパラメータ $\boldsymbol{\theta}$ の事前確率分布、および

図 5.4　最小二乗法と最尤推定法・MAP 推定法との関係

目的変数が観測される事後確率分布を正規分布としたとき、最小二乗法に
正則化項を加えた結果と同値となる。

　以上をまとめ、最小二乗法と最尤推定法、MAP 推定法との関係をまとめ
ると図 5.4 のようになる。最小二乗法（式 (4.3)）の汎化能力を向上させる
ことを意図して最小二乗法の損失関数に正則化項を付加したものが正則化
項付最小二乗法（式 (4.11)）である。最小二乗法を確率論で考慮したもの
が最尤推定法（式 (5.13)）であり、これに正則化項を付加したものが MAP
推定法（式 (5.24)）とみなすことができる

［5 章のまとめ］

　この章では,

1. 最尤推定法
2. MAP 推定法
3. 最小二乗法と最尤推定法の関係
4. 正則化項付最小二乗法と MAP 推定法との関係

について学びました。

5 章 演習問題

[演習 5.1] 下記に記した Program 5.2 で s = 0.1 を変化させて生成される 100 組のデータ [data_x, data_y] を最尤推定法で回帰分析を行い、s の値と回帰結果との関係について考察せよ。

Program 5.2

```
1   # -*- coding: utf-8 -*-
2   import numpy as np
3   import matplotlib.pyplot as plt
4
5   def func( x ):
6     return ( np.sin(-3.14*x)+np.cos(5.76*x+0.43)+np.sin(0.12*x-0.11) )/3
7
8   sample_number = 100
9   s = 0.1
10  np.random.seed(1)
11  data_x = 4.0 * np.random.rand(sample_number)-2.0
12  data_y = func( data_x ) + s * np.random.randn(sample_number)
13
14  plt.scatter( data_x, data_y, color='blue' )
15  plt.xlabel('data_x')
16  plt.ylabel('data_y')
17  plt.show()
```

[**解 5.1**]　与えられたデータを多項式近似するため次数 n をクロスバリデーションで決定する。図 5.5 のクロスバリ
デーション結果から $n=12$ とした。s の値による変化を Program 5.3 で確認する。Program 5.3 で得られる s に
よる結果を図 5.6 に示す。

s	dim.									
	11	12	13	14	15	16	17	18	19	20
0.1	0.1079	0.0885	0.0857	0.0839	0.0835	0.0824	0.0816	0.0801	0.0800	0.0799
	0.1434	**0.1157**	0.1178	0.1181	0.1181	0.1178	0.1242	0.1313	0.1341	0.1298
0.2	0.1836	0.1718	0.1681	0.1672	0.1665	0.1649	0.1632	0.1601	0.1600	0.1598
	0.2443	**0.2298**	0.2345	0.2358	0.2359	0.2356	0.2482	0.2626	0.2682	0.2592
0.3	0.2647	0.2559	0.2511	0.2505	0.2496	0.2474	0.2449	0.2402	0.2400	0.2396
	0.3542	**0.3449**	0.3520	0.3535	0.3538	0.3533	0.3723	0.3940	0.4024	0.3885
0.4	0.3474	0.3401	0.3343	0.3338	0.3326	0.3299	0.3266	0.3203	0.3200	0.3195
	0.4667	**0.4602**	0.4696	0.4713	0.4716	0.4711	0.4963	0.5253	0.5365	0.5179

図 5.5　[演習 5.1] のデータのクロスバリデーション結果

Program 5.3

```
# -*- coding: utf-8 -*-
import numpy as np
import matplotlib.pyplot as plt

def func( x ):
  return ( np.sin(-3.14*x)+np.cos(5.76*x+0.43)+np.sin(0.12*x-0.11) )/3

sample_number = 100
s = 0.1
n = 12
np.random.seed(1)
data_x = 4.0 * np.random.rand(sample_number)-2.0
data_y = func( data_x ) + s * np.random.randn(sample_number)

train_x = data_x[:80] # 先頭から 80個はトレーニング用データ
train_y = data_y[:80]
eval_x = data_x[80:] # 残り 20個はテスト用データ
eval_y = data_y[80:]

Phi = np.array([ train_x**i for i in range( n+1 ) ])
eval_Phi = np.array([ eval_x**i for i in range( n+1 ) ])
theta = np.dot( np.dot( np.linalg.inv( np.dot( Phi, Phi.T ) ), Phi ), train_y )
train_mse = (( np.dot( Phi.T, theta ) - train_y )**2 ).mean()
eval_mse  = (( np.dot( eval_Phi.T, theta ) - eval_y )**2 ).mean()
train_sigma = np.sqrt( train_mse )
eval_sigma  = np.sqrt( eval_mse )
print('Train: MSE=', train_mse, ' Sigma=', train_sigma )
print('Eval : MSE=', eval_mse, ' Sigma=', eval_sigma )
x_pred = np.linspace( -2.0, 2.0, 2001 ) # 予測曲線描画用に入力データ (-1から1まで 0.001刻み)を用
```

意

```
30  pred_Phi = np.array([ x_pred**i for i in range( n+1 ) ])
31  y_pred = np.dot( pred_Phi.T, theta ) # 予測
32  plt.plot( x_pred, y_pred, color='red' ) # 予測曲線の描画
33  plt.scatter( train_x, train_y )
34  plt.scatter( eval_x,  eval_y )
35  plt.fill_between( x_pred, y_pred+train_sigma*3, y_pred-train_sigma*3, alpha=0.1, label='
        sigma')
36  plt.fill_between( x_pred, y_pred+train_sigma, y_pred-train_sigma, alpha=0.1, label='sigma')
37  plt.xlabel('data_x')
38  plt.ylabel('data_y')
39  plt.show()
```

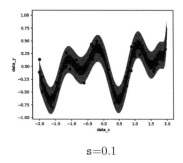
s=0.1

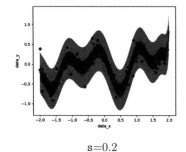
s=0.2

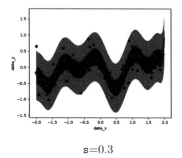
s=0.3

図 **5.6** s の変化による近似結果

6章　カーネル法

[ねらい]

　多項式回帰は見方を変えると目的関数と設計変数の関係を 0 次関数から n 次関数の線形和として記述したと捉えられる。これを一般化すれば様々な任意の関数の線形和で記述することができる。このような関数を基底関数という。基底関数のうち各データ間の類似度を評価するような性質をもった関数をカーネル関数という。カーネル関数を用いて目的関数と設計変数の関係を記述する方法をカーネル法という。本章ではカーネル法について考える。

[この章の項目]

一般関数の線形和
カーネル法
正則化

6.1　一般関数の線形和

第 1 章では線形回帰、多項式回帰について扱った。多項式回帰は式 (6.1) に示すように目的変数と説明変数との関係を x_i の n 次多項式で表す。

$$\hat{y}_i = \theta_n x_i^n + \theta_{n-1} x_i^{n-1} + \cdots + \theta_1 x_i + \theta_0 = \sum_{k=0}^{n} \theta_k x_i^k \qquad (6.1)$$

これは x_i の 0 次関数から n 次関数までの線形結合である。

これを一般化し、目的変数と説明変数との関係を $n+1$ 種類の関数 $\phi_k(x_i)$ の線型和で表すことを考える。すなわち目的変数を以下の式 (6.2) のように説明変数を引数とした関数 $\phi_k(x_i)$ の線形和とする。

$$\hat{y}_i = \sum_{k=0}^{n} \theta_k \phi_k(x_i) \qquad (6.2)$$

ここで、θ_k は各関数の係数である。

このとき目的変数と設計変数の組合せの個数を N とし、設計変数を引数とした各関数 $\phi_k(x_i)$ の線形和と目的変数との誤差の平均二乗和を考える。

$$E(\boldsymbol{\theta}) = \frac{1}{2N} \sum_{i=1}^{N} \left(\sum_{k=0}^{n} \theta_k \phi_k(x_i) - y_i \right)^2 \qquad (6.3)$$

なお $\phi_0(x_i) = 1$ とする。

式 (6.3) の平均二乗誤差はパラメータ $\boldsymbol{\theta}$ に対して 2 次式であるため、平均二乗誤差が最小値となるパラメータは $\boldsymbol{\theta}$ は式 (6.3) をパラメータで偏微分し、偏微分値が 0 になる時のパラメータを求めれば良い。すなわち、

$$\frac{\partial E(\boldsymbol{\theta})}{\partial \theta_m} = \frac{1}{N} \sum_{i=1}^{N} \left(\sum_{k=0}^{n} \theta_k \phi_k(x_i) - y_i \right) \phi_m(x_i) = 0 \qquad (6.4)$$

を満足するパラメータ $\boldsymbol{\theta}$ を求めればよい。式 (6.4) を行列で書き直すと次式のようになる。

$$\begin{pmatrix} \sum_{i=1}^{N} (\phi_0(x_i))^2 & \sum_{i=1}^{N} \phi_0(x_i)\phi_1(x_i) & \cdots & \sum_{i=1}^{N} \phi_0(x_i)\phi_n(x_i) \\ \sum_{i=1}^{N} \phi_1(x_i)\phi_0(x_i) & \sum_{i=1}^{N} (\phi_1(x_i))^2 & \cdots & \sum_{i=1}^{N} \phi_1(x_i)\phi_n(x_i) \\ \vdots & \vdots & \ddots & \vdots \\ \sum_{i=1}^{N} \phi_n(x_i)\phi_0(x_i) & \sum_{i=1}^{N} \phi_n(x_i)\phi_1(x_i) & \cdots & \sum_{i=1}^{N} (\phi_n(x_i))^2 \end{pmatrix} \begin{pmatrix} \theta_0 \\ \theta_1 \\ \theta_2 \\ \vdots \\ \theta_n \end{pmatrix}$$

$$
= \begin{pmatrix}
\sum_{i=1}^{N} \phi_0(x_i)y_i \\
\sum_{i=1}^{N} \phi_1(x_i)y_i \\
\sum_{i=1}^{N} \phi_2(x_i)y_i \\
\vdots \\
\sum_{i=1}^{N} \phi_n(x_i)y_i
\end{pmatrix}
\tag{6.5}
$$

ここで

$$
\Phi = \begin{pmatrix}
\phi_0(x_1) & \phi_0(x_2) & \cdots & \phi_0(x_N) \\
\phi_1(x_1) & \phi_1(x_2) & \cdots & \phi_1(x_N) \\
\vdots & \vdots & \ddots & \vdots \\
\phi_n(x_1) & \phi_n(x_2) & \cdots & \phi_n(x_N)
\end{pmatrix}
\tag{6.6}
$$

$$
\theta = \begin{pmatrix} \theta_0 \\ \theta_1 \\ \theta_2 \\ \vdots \\ \theta_n \end{pmatrix}
\quad
y = \begin{pmatrix} \theta_1 \\ \theta_2 \\ \vdots \\ \theta_N \end{pmatrix}
$$

とおくと、式 (6.5) は式 (6.7) のように表せる。

$$
\Phi\Phi^\top\theta = \Phi y
\tag{6.7}
$$

よってパラメータ θ は以下のように決定すれば、各関数 $\phi_k(x_i)$ の線形和と目的変数との誤差の平均二乗和 $E(\theta)$ は最小となる。

$$
\theta = \left(\Phi\Phi^\top\right)^{-1}\Phi y
\tag{6.8}
$$

　対象となる空間に属する全ての元がある関数の線形結合で表すことができるとき、その関数を「**基底関数**」(basis function) という。例えば以下のようなものが基底関数である。

1. 多項式関数: $\phi_m(x_k) = x_k^m$
2. 三角関数: $\phi_m(x_k) = \exp(-\frac{j2\pi m x_k}{T})$　（T:周期、j:虚数単位）
3. ガウス関数（動径基底関数）:$\phi_m(x_k) = \exp(-\frac{(x_k-\mu_k)^2}{2\sigma^2})$

基底関数同士は以下のように内積を定義することができる。

$$
\langle f, g \rangle = \int_\mathrm{R} f(x)\overline{g(x)}\mathrm{d}x
\tag{6.9}
$$

この内積値が異なる基底関数同士では常に 0 となるような基底関数を「**正規
直交基底**」(orthonormal basis) という。正規直交基底では式 (6.7) の $\mathbf{\Phi\Phi}^{\mathsf{T}}$
が対角行列となる。このため正規直交基底を使用した場合、逆行列を求め
ることなく、パラメータ $\boldsymbol{\theta}$ を求めることができる。前述の基底関数の中で
は「三角関数」が正規直交基底である。

6.2　ガウス関数による近似

　基底関数に以下のような**ガウス関数** (Gaussian function)（**動径基底関数**、
Radial Basis Function: RBF）を用いる場合を考える。

$$\phi_m(x_k) = \exp(-\frac{(x_k - \mu_m)^2}{2\sigma^2}) \tag{6.10}$$

図 6.1 に $\mu_m = 0$、$\sigma = 0.1$ のときのガウス関数の概形を示す。

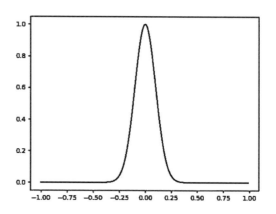

図 6.1　ガウス関数の概形（$\mu_m = 0,\ \sigma = 0.1$）

　ガウス関数の線形和を用いて説明変数 X と目的変数 Y との関係を表す
ことを考える。ここでは例として表 6.1 のような説明変数と目的変数が与
えられているとする。表 6.1 の説明変数 X と目的変数 Y の関係をガウス
関数を用いて近似する。

表 6.1　ガウス関数による近似例

x_i	-0.4000	-0.5667	0.2333	0.0000	0.0667
y_i	-0.3333	-0.2333	0.2667	0.2333	0.3000

x_i	-0.3333	0.3333	0.5000	-0.6000	-0.2333
y_i	-0.0667	0.4667	0.4333	-0.300	0.0667

　式 (6.10) のガウス関数は μ_m および σ の 2 個のパラメータを有している。μ_k は $[-0.6, +0.6]$ の区間で 7 点、等間隔に設定し、$\sigma = 1/\sqrt{200}$ と設定する。このような設定のガウス関数のうち $\mu_m = 0$、$\sigma = 1/\sqrt{200}$ の関数の概形を図 6.2 に示す。

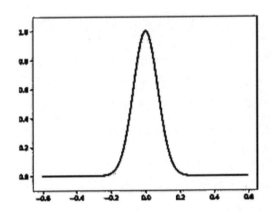

図 **6.2**　ガウス関数の概形（$\mu_m = 0$, $\sigma = 1/\sqrt{200}$）

　このような μ_m、σ で各ガウス関数を設定し、式 (6.8) で各関数の係数パラメータ $\boldsymbol{\theta}$ を決定した際の近似曲線は以下の Program 6.1 で描画することができる。

Program 6.1

```
1   # coding:utf-8
2   import numpy as np
3   import matplotlib.pyplot as plt
4
5   def k( x, mu, sigma ):
6       tmp = np.array([ np.exp( -(( x - m )**2 ) / ( 2 * sigma**2 )) for m in mu ])
7       return np.vstack( [tmp, np.ones( len( x ))] )
8
9   x = np.array( [-0.4, -0.5667, 0.2333, 0., 0.0667, -0.3333, 0.3333, 0.5, -0.6,
        -0.2333] )
10  y = np.array( [-0.3333, -0.2333, 0.2667, 0.2333, 0.3, -0.0667, 0.4667, 0.4333, -0.3,
        0.0667] )
11  mu = np.linspace(-0.6, 0.6, 7) # 等間隔で7点
12
13  sigma = np.sqrt( 1/200 )
```

```
14  Phi = k( x, mu, sigma )
15  theta = np.dot( np.dot( np.linalg.inv( np.dot( Phi, Phi.T ) ), Phi ), y.T )
16  plt.scatter( x, y, color='blue' ) # データの描画
17  xx = np.linspace( -0.6, +0.6, 1201 )
18  P = k( xx, mu, sigma )
19  plt.ylim([-0.6,+0.6])
20  plt.xlim([-0.6,+0.6])
21  plt.plot( xx, np.dot( P.T, theta ), color='red', linewidth='1.0' )
22  plt.show() # グラフの表示
```

Program 6.1 ではガウス関数を k(x, mu, sigma) という関数として定義している。各関数の係数パラメータ $\boldsymbol{\theta}$ は式 (6.8) に従い、

```
theta = np.dot( np.dot( np.linalg.inv( np.dot( Phi, Phi.T ) ),
    Phi ), y.T )
```

で求めている。x_i の定義域を $[-0.6, +0.6]$ とし、この区間に

```
xx = np.linspace( -0.6, +0.6, 1201 )
```

で 1201 点、すなわち 0.001 間隔に分割し、各 x_i に対する近似値を計算しグラフにすると、図 6.3 のようになる。図 6.3 の各点は表 6.1 で与えられたデータを示し、曲線はガウス関数により得られた説明変数と目的変数間の関係を表す近似曲線を示す。この例では近似曲線が全て表 6.1 で与えられたデータ上を通っていることがわかる。この場合は $[-0.6, +0.6]$ の区間で

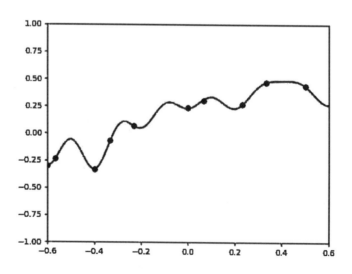

図 **6.3**　表 6.1 のデータのガウス関数による近似

μ_m を 7 点で等間隔、すなわち 0.2 間隔で配置された 7 個のガウス関数の組み合わせで近似されている。7 個のガウス関数の係数とその係数が乗じられた関数の概形およびバイアス値の 8 種のグラフを図 6.4 に示す。図 6.4 に示す 8 個のグラフを加算すると図 6.3 となる。この場合は 7 個のガウス関数が全て下向きになっているが、これはバイアス値、すなわち表 6.1 に与えられたデータの平均値が大きいためこのような結果になっていることに注意する。

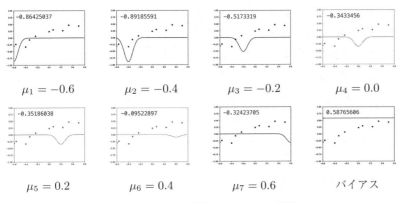

図 **6.4**　図 6.3 を構成する各ガウス関数

ガウス関数のパラメータ σ は各関数の広がりを制御できるパラメータである。σ の値を変化させた場合、この広がりがどのように変化するかを図 6.5 に示す。図 6.5 に示した各 σ を用いて表 6.1 に与えられた説明変数と目的変数の関係を近似すると図 6.6 のような結果が得られる。なお、図 6.6 は μ_m を図 6.3 の結果と同様に $[-0.6, +0.6]$ の区間を 0.2 間隔の 7 種類を用いている。図 6.6 の結果では σ^2 の値が大きくなるのに従い、表 6.1 に与えられたデータ点を通っていないことがわかる。

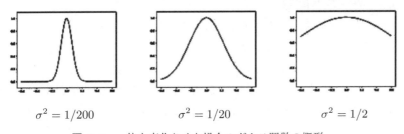

図 **6.5**　σ 値を変化させた場合のガウス関数の概形

次にガウス関数のもう一つのパラメータ μ_m について考える。ここまで

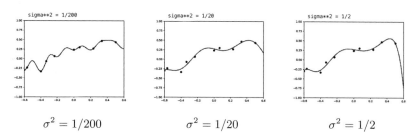

$$\sigma^2 = 1/200 \qquad\qquad \sigma^2 = 1/20 \qquad\qquad \sigma^2 = 1/2$$

図 **6.6**　6 点のガウス関数を用いた際の σ 値を変化させた場合の近似結果の概形

　の例では全て説明変数 X の定義域 $[-0.6, +0.6]$ に μ_m を等間隔で 7 点に設定した 7 種のガウス関数を適用させていた。この点数を増加させた場合はどのようになるかを実験する。図 6.7 は説明変数 X の定義域 $[-0.6, +0.6]$ に μ_m を等間隔で 11 点に設定した 11 種のガウス関数を適用させた場合に、σ を変化させた場合の近似結果である。図 6.7 では $\sigma^2 = 1/200$ のとき、グラフが局値を有したような形なってしまっている。これは元のデータの間隔と各関数の間隔、そして各ガウス関数の広がりを決定するパラメータ σ に依存している。これらを適切な形に設定することは重要であるが、これは k-分割交差検証などで決定する必要がある。

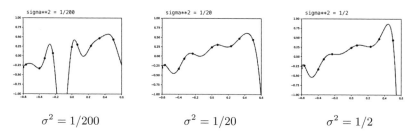

$$\sigma^2 = 1/200 \qquad\qquad \sigma^2 = 1/20 \qquad\qquad \sigma^2 = 1/2$$

図 **6.7**　11 点のガウス関数を用いた際の σ 値を変化させた場合の近似結果の概形

6.3　カーネル関数

　前節の結果のようにガウス関数の点数によって結果が変わるが、どのように点数を決めることは容易ではない。そこで関数 $\phi_m(x_k)$ の μ_m の位置を説明変数の値で決定することを考える。すなわち $\mu_m = x_m$ とすると関数 $\phi_m(x_k)$ は与えられた設計変数 x_k と x_m との組合せで決定される値となることに注意すると次のように記述できる。

$$\phi_m(x_k) = k\,(x_k, x_m) = \exp(-\frac{(x_k - x_m)^2}{2\sigma^2}) \qquad (6.11)$$

式 (6.11) を用いると式 (6.6) に示した $\mathbf{\Phi}$ は次のような行列 $\boldsymbol{K}$ となる。

$$K = \begin{pmatrix} k(x_1,x_1) & k(x_1,x_2) & \cdots & k(x_1,x_N) \\ k(x_2,x_1) & k(x_2,x_2) & \cdots & k(x_2,x_N) \\ \vdots & \vdots & \ddots & \vdots \\ k(x_N,x_1) & k(x_2,x_N) & \cdots & k(x_N,x_N) \end{pmatrix} \tag{6.12}$$

ここで $k(x_i,x_j) = k(x_j,x_i)$ であるので、K は対称行列となる。したがって $K^\mathsf{T} = K$ であるため、式 (6.8) は式 (6.13) となる。

$$\boldsymbol{\theta} = \left(KK^\mathsf{T}\right)^{-1} Ky = K^{-1}y \tag{6.13}$$

式 (6.13) の結果を用いれば任意の説明変数値 x に対する目的変数の予測値 $\tilde{y}(x)$ は

$$\tilde{y}(x) = \sum_{j=1}^{N} \theta_j k(x, x_j) \tag{6.14}$$

で得られる。

　ここで関数 $k(x_i,x_j)$ は x_i と x_j のある種の距離を測定している関数とみなすことができる。このように説明変数をある特徴空間に写像する関数を「**カーネル関数**」(kernel functions) といい、カーネル関数を用いて解析、評価を行う方法を「**カーネル法**」(kernel method) という。上記に示したような例では式 (6.6) に示した Φ はガウスカーネルを用いることで式 (6.13) に示すように計算量を減少させることができる。このようなアプローチを**カーネルトリック** (kernel trick) という。カーネル法による説明変数と目的変数の関係を導出するプログラムを Program 6.2 に、その実行結果で得られるグラフを図 6.8 に示す。

Program 6.2

```
1  # coding:utf-8
2  import numpy as np
3  import matplotlib.pyplot as plt
4
5  def k( x, mu, sigma ):
6      return np.array([ np.exp( -(( x - m )**2 ) / ( 2 * sigma**2 )) for m in mu ])
7
8  x = np.array( [-0.4, -0.5667, 0.2333, 0., 0.0667, -0.3333, 0.3333, 0.5, -0.6,
       -0.2333] )
9  y = np.array( [-0.3333, -0.2333, 0.2667, 0.2333, 0.3, -0.0667, 0.4667, 0.4333, -0.3,
       0.0667] )
10 sigma = (x.max()-x.min())/(len(x)-1)
11 K = k( x, x, sigma )
12 theta = np.dot( np.linalg.inv( K ), y.T )
```

```
13  plt.scatter( x, y, color='blue' ) # データの描画
14  xx = np.linspace( -0.6, +0.6, 1201 )
15  P = k( xx, x, sigma )
16  plt.ylim([-0.6,+0.6])
17  plt.xlim([-0.6,+0.6])
18  plt.plot( xx, np.dot( P.T, theta ), color='red', linewidth='1.0' )
19  plt.show() # グラフの表示
```

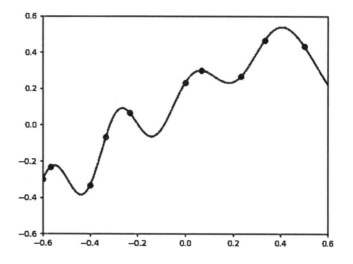

図 **6.8**　表 6.1 のデータのガウスカーネルを用いたカーネル法による近似

6.4　正則化

　4.2 節での多項式近似と同様にカーネル法でも説明変数に対して目的変数が過剰に表現された結果、汎化性能が劣ってしまう。そこでカーネル法に対してもパラメータに制限を与えることで過剰適合を避け、汎化能力を高めるために正則化 (regularization) を考える。ここでは 4.2 節同様に式 (6.3) で記述される平均二乗誤差にパラーメータの L2 ノルム のペナルティ項を加えた、式 (6.15) を考える。

$$\hat{E}(\boldsymbol{\theta}) = \frac{1}{2N}(\boldsymbol{K\theta} - \boldsymbol{y})^{\top}(\boldsymbol{K\theta} - \boldsymbol{y}) + \frac{\lambda}{2}\boldsymbol{\theta}^{\top}\boldsymbol{K\theta} \qquad (6.15)$$

第 1 項と第 2 項とのバランスはパラメータ λ で調整され、第 2 項がペナルティとして働く。

式 (6.15) は各パラメータに対して下に凸の 2 次関数であるため最小値となるのは偏微分値が 0 のときである。したがって下記の式が得られる。

$$\nabla \hat{E}(\boldsymbol{\theta}) = \frac{1}{N}\boldsymbol{K}\left(\boldsymbol{K\theta} - \boldsymbol{y}\right) + \lambda \boldsymbol{K\theta} = 0 \qquad (6.16)$$

式 (6.16) からパラメータ $\boldsymbol{\theta}$ は以下のように導出される。

$$\boldsymbol{\theta} = \left(\boldsymbol{K} + \lambda \boldsymbol{I}\right)^{-1}\boldsymbol{y} \qquad (6.17)$$

$\lambda = 0$ のとき正則化が適用されていないことと等価である。

　正則化を含めたガウスカーネルによるカーネル法での近似曲線を求めるプログラムを Program 6.3 に示す。

Program 6.3

```
1  # coding:utf-8
2  import numpy as np
3  import matplotlib.pyplot as plt
4
5  def k( x, mu, sigma ):
6      return np.array([ np.exp( -(( x - m )**2 ) / ( 2 * sigma**2 )) for m in mu ])
7
8  x = np.array( [-0.4, -0.5667, 0.2333, 0., 0.0667, -0.3333, 0.3333, 0.5, -0.6,
       -0.2333] )
9  y = np.array( [-0.3333, -0.2333, 0.2667, 0.2333, 0.3, -0.0667, 0.4667, 0.4333,
       -0.3, 0.0667] )
10 sigma = (x.max()-x.min())/(len(x)-1) # データが等間隔に存在するときのデータ間の距離
11 K = k( x, x, sigma )
12 l = 0.5  # python では lambda が予約語であるため、l を使用
13 theta = np.dot( np.linalg.inv( K + l * np.identity( len( K ) ) ), y.T )
14 plt.scatter( x, y, color='blue' ) # 学習データの描画
15 xx = np.linspace( -0.6, +0.6, 1201 )
16 P = k( xx, x, sigma )
17 plt.ylim([-0.6,+0.6])
18 plt.xlim([-0.6,+0.6])
19 plt.plot( xx, np.dot( P.T, theta ), color='red', linewidth='1.0' )
20 plt.show() # グラフの表示
```

　ガウスカーネルを用いたカーネル法での正則化の効果を確認するため表 6.1 のデータを用いて Program 6.3 で確認する。図 6.9 に $\lambda = 0$、すなわち正則化のペナルティを適用しない場合と、$\lambda = 0.5$ の場合の結果を示す。図 6.9 から λ の増加に伴い、曲線の表現力が減少する様子が確認できる。このような正則化によって過剰適合を抑制するが、適切な正則化パラメータ

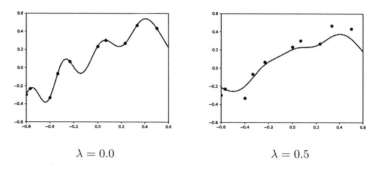

$$\lambda = 0.0 \qquad\qquad\qquad \lambda = 0.5$$

図 6.9 表 6.1 のデータのガウスカーネルでのカーネル法による近似の正則化パラ
メータ λ の影響

λ の値はデータに依存するため k-分割交差検証などで決定しなければなら
ない。

[6章のまとめ]

　この章では,

1. 一般関数での近似
2. ガウス関数による近似
3. カーネル関数
4. カーネル法
5. カーネル法での正則化

について学びました。

6章　演習問題

[演習 6.1]　下記に記した Program 6.4 で生成される 100 組のデータ　[data_x, data_y] をガウス
カーネル（RBF カーネル）を用いたカーネル法で回帰分析せよ。正則化を用い、k-分割交差検証で適切
な正則化パラメータ λ を求め、多項式近似での結果と比較し、考察せよ。

Program 6.4

```
1   # -*- coding: utf-8 -*-
2   import numpy as np
3   import matplotlib.pyplot as plt
4
5   def func( x ):
6     return ( np.sin(-3.14*x)+np.cos(5.76*x+0.43)+np.sin(0.12*x-0.11) )/3
7
8   sample_number = 100
9   s = 0.1
10  np.random.seed(1)
11  data_x = 4.0 * np.random.rand(sample_number)-2.0
12  data_y = func( data_x ) + s * np.random.randn(sample_number)
13
14  plt.scatter( data_x, data_y, color='blue' )
15  plt.xlabel('data_x')
16  plt.ylabel('data_y')
17  plt.show()
```

[**解** 6.1]　Program 6.4 で生成される 100 組のデータ 　[data_x，data_y] は平均 0、標準偏差 4 の正規分布乱数で生成された x_i に対して

$$y_i = \sin(-3.14x_i) + \cos(5.76x_i + 0.43) + \frac{\sin(0.12x_i - 0.11)}{3}$$

という関数で生成された y_i に平均 0、標準偏差 0.1 の正規分布乱数をノイズとして印加したものである。

　したがって、ノイズが印加されていない y_i と、ガウスカーネルを用いたカーネル法での得られた近似曲線を比較して、結果を検討する。

7章　線形判別

[ねらい]

　　属性値のついたデータを属性値に基づいたクラス分けをすること
を判別（分類）といい、二つのクラスに最もよく分類できる判別直線
（平面）を求める方法を線形判別分析という。線形判別分析では各
データが判別直線（平面）に対して、どちら側にあるかでそのデー
タがどちらのクラスに属するかを判別する。判別直線を求める方法
として Fisher の線形判別法を紹介する。

[この章の項目]

線形判別
Fisher の線形判別分析法

7.1　分類問題

　ここまで説明変数 $\boldsymbol{X} \in \Re^M$ に対して目的変数 $y \in \Re$ との関係を $y = f(\boldsymbol{X})$ で表すことが「回帰」であると説明してきたが、目的変数 y が離散値である場合を「分類」という。目的変数が離散値であればその値が説明変数に対する分類結果（クラス）を表すことになり、与えられた目的変数、説明変数からこの関係を当てはめることを「**学習**」という。そして「学習」には用いなかった未知の説明変数 $\boldsymbol{X}_u$ に対して適切な離散目的変数 y_u を予測できるようにすることが**分類問題**の目的である。

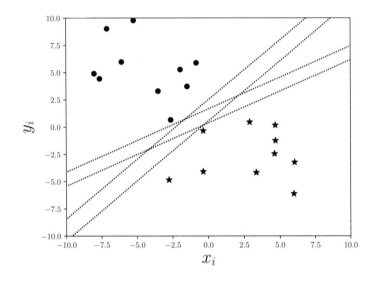

図 7.1　線形判別の例

　例えば図 7.1 の丸点と星点とを分類することを考える。図中の点線がこれらのデータを分類をできる直線であるが、図 7.1 に示した 4 本の直線以外にもこの場合には無限に直線を引くことができる。ここでは簡単のためデータが 2 次元である場合を考えるとデータは**分離直線**で判別できる。データが 3 次元であれば**分離平面**、データが N 次元以上であれば $N-1$ 次元の**分離超平面**でデータは分離される。データを分類することができる分離超平面をどのように求めればよいかを考える。

7.2　線形分離

　2 次元データが図 7.2 に示すよう分布している場合を考える。このときこれらのデータを二つのクラスに分けることができる分離超平面 は次のように記述できる。

▶[分離超平面]
　ここではデータは 2 次元なので「分離直線」である。

$$f(x,y) = \theta_0 + \theta_1 x + \theta_2 y = 0 \tag{7.1}$$

簡単のため、式 (7.1) が原点 $(x,y) = (0,0)$ を通る場合を考える。この場合 $\theta_0 = 0$ となる。分離超平面上の点を $\boldsymbol{X} = (x,y)^\mathsf{T}$、パラメータを $\boldsymbol{\theta} = (\theta_1, \theta_2)^\mathsf{T}$ とおくと式 (7.1) は以下のようにかける。

$$f(x,y) = \boldsymbol{X}^\mathsf{T}\boldsymbol{\theta} = 0 \tag{7.2}$$

分離超平面上の以外の点を $\boldsymbol{X}_k = (x_k, y_k)^\mathsf{T}$ とする。

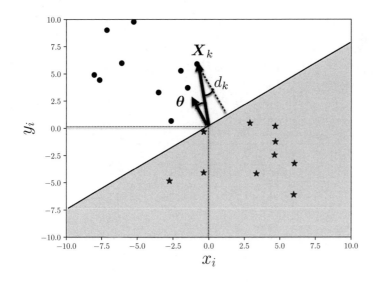

図 **7.2** 線形判別

図 7.2 に示すように $\boldsymbol{X}_k$ と $\boldsymbol{\theta}$ の内積から次の関係が得られる。

$$\frac{\boldsymbol{X}_k^\mathsf{T}\boldsymbol{\theta}}{\|\boldsymbol{\theta}\|} = d_k \tag{7.3}$$

$|d_k|$ は点 $\boldsymbol{X}_k$ と分離超平面との距離を表し、$d_k > 0$ の場合は点 $\boldsymbol{X}_k$ は超平面の上に、$d_k < 0$ の場合は点 $\boldsymbol{X}_k$ は超平面の下に存在することを表す。したがって、この d_k の値の符号で点 $\boldsymbol{X}_k$ を分類することができる。

二つのクラスに分類する各データに $+1$ もしくは -1 のラベルを付与し、これを t_i とする。例えば i 番目のデータが $+1$ のクラスに所属する場合は $t_i = +1$ である。正しく判別できるとは t_i と式 (7.3) の d_i の符合が一致しているということである。そこで下記のような $f(x_i, y_i) = d_i$ と t_i との二乗誤差値を考える。

$$E(\boldsymbol{\theta}) = \sum_{i=1}^{N} \left(f(x_i, y_i) - t_i\right)^2 \tag{7.4}$$

式 (7.4) を行列で表すと以下の式 (7.5) となる。

$$E(\boldsymbol{\theta}) = \left(\boldsymbol{\Phi}^{\mathsf{T}}\boldsymbol{\theta} - \boldsymbol{t}\right)^{\mathsf{T}} \left(\boldsymbol{\Phi}^{\mathsf{T}}\boldsymbol{\theta} - \boldsymbol{t}\right) \tag{7.5}$$

式 (7.5) の最小値を与える $\boldsymbol{\theta}$ は以下の式を満足する。

$$\frac{\partial E(\boldsymbol{\theta})}{\partial \boldsymbol{\theta}} = 2\boldsymbol{\Phi}\left(\boldsymbol{\Phi}^{\mathsf{T}}\boldsymbol{\theta} - \boldsymbol{t}\right) = 0 \tag{7.6}$$

$$\therefore \boldsymbol{\theta} = \left(\boldsymbol{\Phi}\boldsymbol{\Phi}^{\mathsf{T}}\right)^{-1}\boldsymbol{\Phi}\boldsymbol{t} \tag{7.7}$$

式 (7.7) を満足する $\boldsymbol{\theta}$ は式 (7.4) の二乗誤差最小化基準を満足する分離超平面を与える。このように分離超平面を求める方法を**線形判別法**という。

例題 1

表 7.1 に示す A クラス 10 個、B クラス 10 個のデータを分類する分離超平面を線形判別法によって Program 7.1 で求める。

表 **7.1**　データ例

A	x_i	−7.6366	−0.8298	−5.2367	−8.0167	−3.5089
	y_i	4.4345	5.8930	9.7781	4.9071	3.2886
	x_i	−7.1236	−1.4804	−6.0853	−1.9547	−2.6335
	y_i	9.0147	3.7145	5.9782	5.2760	0.6570
B	x_i	5.9805	−0.3511	−0.3488	2.8886	3.3471
	y_i	−6.1199	−4.0890	−0.3379	0.4592	−4.1771
	x_i	4.6872	4.6730	4.6227	6.0332	−2.7488
	y_i	−1.2454	0.1728	−2.4600	−3.2413	−4.8465

Program 7.1

```
1  # -*- coding: utf-8 -*-
2  import numpy as np
3  import matplotlib.pyplot as plt
4
5  data = np.array([[-7.6366, 4.4345], [-0.8298, 5.893 ], [-5.2367, 9.7781],
       [-8.0176, 4.9071], [-3.5089, 3.2886], [-7.1236, 9.0147], [-1.4804, 3.7145],
        [-6.0853, 5.9782], [-1.9547, 5.2760], [-2.6335, 0.6570], [ 5.9805,
       -6.1199], [-0.3511, -4.0890], [-0.3488, -0.3379], [ 2.8886, 0.4592], [ 3.3471,
        -4.1771], [ 4.6872, -1.2454], [ 4.6730, 0.1728], [ 4.6227, -2.4600], [
       6.0332, -3.2413], [-2.7488 ,-4.8465]])
6  # Phi の 1 行目は全て 1
7  Phi = np.vstack(( np.array([np.ones( data.shape[0] )]), data.T ))
```

```
8
9   t = np.array([ 1, 1, 1, 1, 1, 1, 1, 1, 1, 1, -1, -1, -1, -1, -1, -1, -1, -1, -1,
        -1])
10
11  theta = np.dot( np.dot( np.linalg.inv( np.dot( Phi, Phi.T ) ), Phi ), t )
12
13  print( 'theta=', theta )
```

上記の Program 7.1 の実行すると以下のように表示され、図 7.3 が得られる。

```
theta= [-0.23665324  -0.08185105    0.12736559]
```

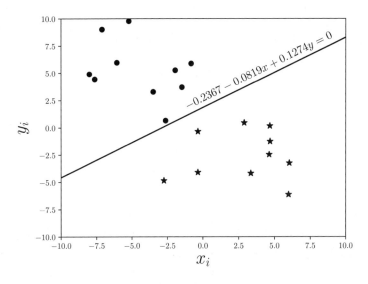

図 **7.3**　表 7.1 を Program 7.1 で分離した結果

7.3　Fisher の線形判別分析法

　前節の線形判別法では与えられたデータをラベル通りに分類することができたときに最小となる二乗誤差最小基準で分類を行った。分離超平面は与えられたデータが正しく分類できたかどうかを評価する基準のみであるため分離超平面がデータ近辺になってしまう可能性がある。分離超平面は与えられたデータを正しく分類できるだけでなく、未知のデータも正しく分類できること望ましい。そこで分類された各データが以下のような条件を満足するような分離超平面を決定する。

▶[Fisher の線形判別分析法]
R. A. Fisher, "The use of multiple measurements in taxonomic problems," Annals of Eugenics, vol. 7, no. 2, pp.179188, 1936.

1. 分類されたクラス同士はできるだけ離れるようにする
2. 同じクラス内のデータはできるだけ近くなるようにする

分離超平面を

$$\boldsymbol{X}^\mathsf{T}\boldsymbol{\theta} = 0 \tag{7.8}$$

とおく。ただし $\|\boldsymbol{\theta}\| = 1$ とする。

　各クラスのデータの平均ベクトルを $\boldsymbol{\mu}_k$ とする。これらの平均ベクトルの $\boldsymbol{\theta}$ 上への以下のような写像を考える。

$$m_k = \boldsymbol{\mu}_k^\mathsf{T}\boldsymbol{\theta} \tag{7.9}$$

写像の 2 クラス間の平均の差は以下のように記述できる。

$$m_1 - m_2 = (\boldsymbol{\mu}_1 - \boldsymbol{\mu}_1)^\mathsf{T}\boldsymbol{\theta} \tag{7.10}$$

写像の 2 クラス間変動を以下のように定義する。

$$(m_1 - m_2)^2 = \left((\boldsymbol{\mu}_1 - \boldsymbol{\mu}_2)^\mathsf{T}\boldsymbol{\theta}\right)^\mathsf{T}\left((\boldsymbol{\mu}_1 - \boldsymbol{\mu}_2)^\mathsf{T}\boldsymbol{\theta}\right) \tag{7.11}$$

1 の条件は式 (7.11) を最大化する $\boldsymbol{\theta}$ を求めることを意味する。

　クラス C_k 内でのデータの $\boldsymbol{\theta}$ 上への写像の変動 S_k^2 はクラス C_k 内のデータ数を N_k とすれば

$$S_k^2 = \frac{1}{N_k}\sum_{i \in C_k}\left(\boldsymbol{X}_i^\mathsf{T}\boldsymbol{\theta} - m_k\right)^2 \tag{7.12}$$

と表せる。2 の条件は各クラスの式 (7.12) が最小化する $\boldsymbol{\theta}$ を求めることを意味する。

　これらをまとめ、以下の式 (7.13) を最大化する $\boldsymbol{\theta}$ を求めることを「Fisher の線形判別分析法」(Fisher's Linear Discriminant Analysis) という。

$$J(\boldsymbol{\theta}) = \frac{(m_1 - m_2)^2}{S_1^2 + S_2^2} \tag{7.13}$$

　式 (7.13) の分子は以下のように変形できる。

$$\begin{aligned}
(m_1 - m_2)^2 &= \left((\boldsymbol{\mu}_1 - \boldsymbol{\mu}_2)^\mathsf{T}\boldsymbol{\theta}\right)^\mathsf{T}\left((\boldsymbol{\mu}_1 - \boldsymbol{\mu}_2)^\mathsf{T}\boldsymbol{\theta}\right) \\
&= \boldsymbol{\theta}^\mathsf{T}(\boldsymbol{\mu}_1 - \boldsymbol{\mu}_2)(\boldsymbol{\mu}_1 - \boldsymbol{\mu}_2)^\mathsf{T}\boldsymbol{\theta} \\
&= \boldsymbol{\theta}^\mathsf{T}\boldsymbol{S}_B\boldsymbol{\theta}
\end{aligned} \tag{7.14}$$

ここで

$$\boldsymbol{S}_B = (\boldsymbol{\mu}_1 - \boldsymbol{\mu}_2)(\boldsymbol{\mu}_1 - \boldsymbol{\mu}_2)^\mathsf{T} \tag{7.15}$$

を**クラス間共分散行列**という。

　一方、式 (7.13) の分母は以下のように変形できる。

$$
\begin{aligned}
S_k^2 &= \frac{1}{N_k} \sum_{i \in C_k} \left(\boldsymbol{X}_i^\mathsf{T} \boldsymbol{\theta} - m_k \right)^2 \\
&= \frac{1}{N_k} \sum_{i \in C_k} \left((\boldsymbol{X}_i - \boldsymbol{\mu}_k)^\mathsf{T} \boldsymbol{\theta} \right)^\mathsf{T} \left((\boldsymbol{X}_i - \boldsymbol{\mu}_k)^\mathsf{T} \boldsymbol{\theta} \right) \\
&= \frac{1}{N_k} \boldsymbol{\theta}^\mathsf{T} \left(\sum_{i \in C_k} (\boldsymbol{X}_i - \boldsymbol{\mu}_k)(\boldsymbol{X}_i - \boldsymbol{\mu}_k)^\mathsf{T} \right) \boldsymbol{\theta} \\
&= \boldsymbol{\theta}^\mathsf{T} \boldsymbol{S}_{W_k} \boldsymbol{\theta}
\end{aligned}
\tag{7.16}
$$

ここで

$$
\boldsymbol{S}_{W_k} = \sum_{i \in C_k} (\boldsymbol{X}_i - \boldsymbol{\mu}_k)(\boldsymbol{X}_i - \boldsymbol{\mu}_k)^\mathsf{T}
\tag{7.17}
$$

をクラス C_k 内共分散行列という。

以上より式 (7.13) は

$$
J(\boldsymbol{\theta}) = \frac{\boldsymbol{\theta}^\mathsf{T} \boldsymbol{W}_B \boldsymbol{\theta}}{\boldsymbol{\theta}^\mathsf{T} (\boldsymbol{S}_{W_1} + \boldsymbol{S}_{W_2}) \boldsymbol{\theta}} = \frac{\boldsymbol{\theta}^\mathsf{T} \boldsymbol{W}_B \boldsymbol{\theta}}{\boldsymbol{\theta}^\mathsf{T} \boldsymbol{S}_W \boldsymbol{\theta}}
\tag{7.18}
$$

$J(\boldsymbol{\theta})$ が最大となる $\boldsymbol{\theta}$ を求めるためには $\boldsymbol{\theta}$ で微分し、微分値が 0 となる $\boldsymbol{\theta}$ を求めれば良い。すなわち

$$
\frac{\partial J(\boldsymbol{\theta})}{\partial \boldsymbol{\theta}} = \frac{\partial}{\partial \boldsymbol{\theta}} \cdot \frac{\boldsymbol{\theta}^\mathsf{T} \boldsymbol{W}_B \boldsymbol{\theta}}{\boldsymbol{\theta}^\mathsf{T} \boldsymbol{S}_W \boldsymbol{\theta}} = 0
\tag{7.19}
$$

$$
\frac{\left(\boldsymbol{\theta}^\mathsf{T} \boldsymbol{S}_B \boldsymbol{\theta} \right) \boldsymbol{W}_B \boldsymbol{\theta} - \left(\boldsymbol{\theta}^\mathsf{T} \boldsymbol{S}_W \boldsymbol{\theta} \right) \boldsymbol{S}_W \boldsymbol{\theta}}{\left(\boldsymbol{\theta}^\mathsf{T} \boldsymbol{S}_W \boldsymbol{\theta} \right)^2} = 0
\tag{7.20}
$$

式 (7.20) より

$$
\left(\boldsymbol{\theta}^\mathsf{T} \boldsymbol{S}_B \boldsymbol{\theta} \right) \boldsymbol{W}_B \boldsymbol{\theta} = \left(\boldsymbol{\theta}^\mathsf{T} \boldsymbol{S}_W \boldsymbol{\theta} \right) \boldsymbol{S}_W \boldsymbol{\theta}
\tag{7.21}
$$

式 (7.21) 左辺の $\left(\boldsymbol{\theta}^\mathsf{T} \boldsymbol{S}_B \boldsymbol{\theta} \right)$、および右辺の $\left(\boldsymbol{\theta}^\mathsf{T} \boldsymbol{S}_W \boldsymbol{\theta} \right)$ はいずれもスカラー値であることに注意すると

$$
\boldsymbol{S}_W \boldsymbol{\theta} \propto \boldsymbol{S}_B \boldsymbol{\theta}
\tag{7.22}
$$

の関係が得られる。すなわち $\boldsymbol{\theta}$ の方向のみが重要となる。よって

$$
\boldsymbol{\theta} \propto \boldsymbol{S}_W^{-1} (\boldsymbol{\mu}_1 - \boldsymbol{\mu}_2)
\tag{7.23}
$$

である。

Fisher の線形判別分析法では式 (7.23) に示すように $\boldsymbol{S}_W^{-1}(\boldsymbol{\mu}_1 - \boldsymbol{\mu}_2)$ に比例し、$\|\boldsymbol{\theta}\| = 1$ を満足する $\boldsymbol{\theta}$ を決定する。この方法は $\boldsymbol{\theta}$ 上の写像でデータを評価しており、次元削減を行なっていることに注意する。

例題 2

表 7.1 に示す A クラス 10 個、B クラス 10 個のデータを分類する分離超平面を Fisher の線形判別分析法によって Program 7.2 で求める。

Program 7.2

```
1  # -*- coding: utf-8 -*-
2  import numpy as np
3  import matplotlib.pyplot as plt
4
5  data = np.array([[-7.6366, 4.4345], [-0.8298, 5.893 ], [-5.2367, 9.7781],
       [-8.0176, 4.9071], [-3.5089, 3.2886], [-7.1236, 9.0147], [-1.4804, 3.7145],
       [-6.0853, 5.9782], [-1.9547, 5.2760], [-2.6335, 0.6570], [ 5.9805,
       -6.1199], [-0.3511, -4.0890], [-0.3488, -0.3379], [ 2.8886, 0.4592], [ 3.3471,
       -4.1771], [ 4.6872, -1.2454], [ 4.6730, 0.1728], [ 4.6227, -2.4600], [
       6.0332, -3.2413], [-2.7488 ,-4.8465]])
6  Phi = np.vstack((np.array([np.ones(data.shape[0])]), data.T))
7  t = np.array([ 1, 1, 1, 1, 1, 1, 1, 1, 1, 1, -1, -1, -1, -1, -1, -1, -1, -1, -1,
       -1])
8
9  cls1=data.copy()    # data を cls1 に深いコピー
10 cls2=data.copy()    # data を cls2 に深いコピー
11 for k in reversed(range( len(t) )):
12   if t[k] == t[0]:
13     # t[k] と t[0] が一致した行を削除 (axis=0 で行)
14     cls1 = np.delete( cls1, k, axis=0 )
15   else:
16     # t[k] と t[0] が一致しなかった行を削除 (axis=0 で行)
17     cls2 = np.delete( cls2, k, axis=0 )
18
19 # cls1 の平均を取り 2次元テンソルに変換
20 mu1=np.array([np.mean( cls1, axis=0 )]).T
21 # cls2 の平均を取り 2次元テンソルに変換
22 mu2=np.array([np.mean( cls2, axis=0 )]).T
23 sw = np.zeros((cls1.shape[1], cls1.shape[1]))
24
25 for k in range( cls1.shape[0] ):
26   sw += np.dot((cls1[k:k+1,:].T-mu1), (cls1[k:k+1,:].T-mu1).T)
27 for k in range( cls2.shape[0] ):
28   sw += np.dot((cls2[k:k+1,:].T-mu2), (cls2[k:k+1,:].T-mu2).T)
29 theta = np.dot( np.linalg.inv( sw ), ( mu1 - mu2 ) )
30 theta = theta /  np.linalg.norm( theta, ord=2 )
31 # クラス1データを w 上に写像した際の標準偏差
```

```
32 s1 = np.std( np.dot( cls1,  theta ) )
33 # クラス2データを w 上に写像した際の標準偏差
34 s2 = np.std( np.dot( cls2,  theta ) )
35 # 各クラスの標準偏差からバイアスを与えるベクトルを計算
36 c = ( s1 * mu2 + s2 * mu1 ) / ( s1 + s2 )
37 # theta[0](バイアス値)を計算し付加
38 theta = np.vstack(( -np.dot( c.T, theta ), theta ))
39 print( 'theta=\n', theta )
40
41 xx = np.linspace( -10, 10, 21 )
42 yy = -( theta[0] + xx * theta[1] ) / theta[2]    # 識別関数の描画
43 plt.figure( figsize=(8,8) )
44 plt.scatter( data[:10,0], data[:10,1], color='red' )
45 plt.scatter( data[10:,0], data[10:,1], color='blue' )
46 plt.plot( xx, yy, color='green' )
47 plt.xlim( -10.0, +10.0 )
48 plt.ylim( -10.0, +10.0 )
49 plt.show()
```

Program 7.2 の実行すると以下のように表示され、図 7.4 が得られる。

```
theta=
 [[ 0.93488319]
 [ 0.54063219]
 [-0.84125908]]
```

この結果から表 7.1 のデータを判別する分離超平面を Fisher の線形判別分析法で求めると

$$0.93488319 + 0.54063219x - 0.84125908y = 0 \qquad (7.24)$$

となる。

同じ表 7.1 に示すデータから分離超平面を線形判別法で求めた図 7.3 の結果と Fisher の線形判別分析法で求めた図 7.4 の結果を比べると、Fisher の線形判別分析法での結果の方が二つのクラスをうまく分けていることが直感的にもわかる。

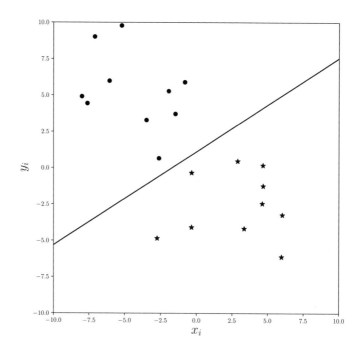

図 **7.4**　表 7.1 を Program 7.2 で分離した結果

[7章のまとめ]

　この章では，

1. 線形判別法
2. Fisher の線形判別分析法

について学びました。

7章　演習問題

[演習 7.1]　下記に記した Program 7.3 では 400 組の 2 次元データ　data　と それらのデータに対応した 0, 1 の 2 値のラベル label　が自動的に生成される。これらのデータ　data　をラベル値でクラス分け判別をせよ。

Program 7.3

```
# -*- coding: utf-8 -*-
import numpy as np
import matplotlib.pyplot as plt

data_num = 400
np.random.seed(1)
class0_data = [9,2] + [3.1, 2.3] * np.random.randn(data_num//2,2)
class1_data = [-10,-4] + [2.7, 3.3] * np.random.randn(data_num//2,2)
label = np.array([ k//200 for k in range(data_num) ] )
data = np.vstack( ( class0_data, class1_data ) )

plt.scatter( class0_data[:,0], class0_data[:,1], marker=',' )
plt.scatter( class1_data[:,0], class1_data[:,1], marker='^' )
plt.show()
```

[**解** 7.1]　Fisher の線形判別分析法 を用いた Program 7.4 で分離超平面を求める。

Program 7.4

```
 1  # -*- coding: utf-8 -*-
 2  import numpy as np
 3  import matplotlib.pyplot as plt
 4
 5  data_num = 400
 6  np.random.seed(1)
 7  class0_data = [9,2] + [3.1, 2.3] * np.random.randn(data_num//2,2)
 8  class1_data = [-10,-4] + [2.7, 3.3] * np.random.randn(data_num//2,2)
 9  label = np.array([ k//200 for k in range(data_num) ] )
10  data = np.vstack( ( class0_data, class1_data ) )
11
12  mu0=np.array([np.mean( class0_data, axis=0 )]).T  # cls1 の平均を取り 2次元テンソルに変換
13  mu1=np.array([np.mean( class1_data, axis=0 )]).T
14  sw = np.zeros((class0_data.shape[1], class1_data.shape[1]))
15  for k in range( class0_data.shape[0] ):
16    sw += np.dot( (class0_data[k:k+1,:].T-mu0), (class0_data[k:k+1,:].T-mu0).T )
17  for k in range( class1_data.shape[0] ):
18    sw += np.dot( (class1_data[k:k+1,:].T-mu1), (class1_data[k:k+1,:].T-mu1).T )
19  theta = np.dot( np.linalg.inv( sw ), ( mu0 - mu1 ) )
20  s0 = np.std( np.dot( class0_data, theta ) )   # クラス1データを w 上に写像した際の標準偏差
21  s1 = np.std( np.dot( class1_data, theta ) )   # クラス2データを w 上に写像した際の標準偏差
22  c = ( s0 * mu1 + s1 * mu0 ) / ( s0 + s1 ) #各クラスの標準偏差からバイアスを与えるベクトルを計算
23  theta = np.vstack(( -np.dot( c.T, theta ), theta )) # theta[0](バイアス値)を計算し付加
24  print( 'theta=\n', theta )
25
26
27  xx = np.linspace( -10, 10, 31 )
28  yy = -( theta[0] + xx * theta[1] ) / theta[2] # 識別関数の描画
29
30  plt.plot( xx, yy, color='green' )
31
32  plt.scatter( class0_data[:,0], class0_data[:,1], marker=',' )
33  plt.scatter( class1_data[:,0], class1_data[:,1], marker='^' )
34  plt.xlabel( r'$x_i$', fontsize=20 )
35  plt.ylabel( r'$y_i$', fontsize=20 )
36  plt.xlim( -10.0, +10.0 )
37  plt.ylim( -10.0, +10.0 )
38
39  plt.show()
```

Program 7.4 の実行すると以下のように表示され、図 7.5 が得られる。

```
theta=
 [[0.9383711 ]
 [0.93044704]
 [0.36642641]]
```

この結果から分離超平面は

$$0.9383711 + 0.93044704x + 0.36642641y = 0 \tag{7.25}$$

となる。

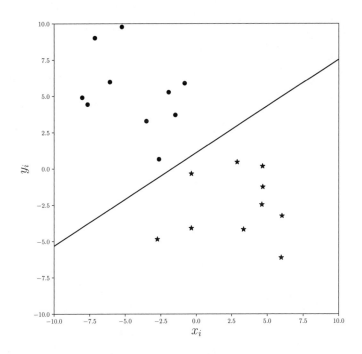

図 **7.5**　Program 7.4 の実行結果

8章　サポートベクターマシン

[ねらい]

　　データをクラス分けする際に各クラスの境界付近にあるデータの誤分類を防ぐために分離超平面とデータとの最短距離が最も遠くなるように分離超平面を決定するアルゴリズムをサポートベクターマシン (Support Vector Machine、 SVM と略す) という。 SVM は与えられたデータのうち、データの境界に近い一部のデータのみを使用して分離超平面を決定する。このような分離超平面を決定するために使用されるデータをサポートベクターといい、サポートベクターと分離超平面との距離をマージンという。 SVM はこのマージンを最大化するアルゴリズムである。

　　マージン内にデータの存在を許容しない SVM をハードマージン SVM、マージン内にデータの存在を許容する SVM をソフトマージン SVM という。また分離超平面とデータとの距離はユークリッドノルムだけでなく、カーネル関数とよばれる関数でも測ることができる。カーネル関数を用いたアルゴリズムをカーネル SVM という。本章では様々な SVM を概説する。

[この章の項目]

ハードマージン SVM
ソフトマージン SVM
カーネル SVM

8.1 ハードマージン SVM

属性値のついたデータを属性値に基づいたクラス分けをする際に線形判別分析では分離超平面によってデータを判別した。この分離超平面について全てのデータからある距離離れた平面を設定することが望ましい。そこで各クラスのそれぞれ近い一部のデータのみを使用して判別ができる分離方平面を設定することを考える

線形判別分析では分離超平面は以下のような式で記述される。

▶[SVM]
V. Vapnik, A. Lerner, "Pattern recognition using generalized portrait method," Automation and Remote Control, 24, 1963.

$$\boldsymbol{\theta}^{\mathsf{T}} \boldsymbol{X} + b_0 = 0 \tag{8.1}$$

ここで $\boldsymbol{X}$ はデータ空間座標、b_0 はバイアス、$\boldsymbol{\theta}$ はパラメータである。

線形判別分析では (8.1) の $\boldsymbol{X}$ にデータ値 $\boldsymbol{X}_k$ を代入し、以下のようにその値の正負でデータ $\boldsymbol{X}_k$ が属するクラスを判別する。

$$\boldsymbol{\theta}^{\mathsf{T}} \boldsymbol{X}_k + b_0 \begin{cases} > 0 & \text{for } t_k = +1 \\ < 0 & \text{for } t_k = -1 \end{cases} \tag{8.2}$$

ここで k 番目のデータ $\boldsymbol{X}_k$ が属するクラスはラベル t_k で表されているとする。

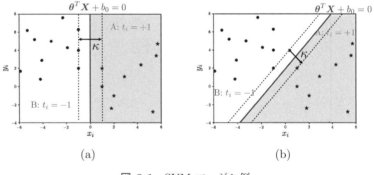

図 **8.1** SVM マージン例

図 8.1(a)(b) は同じデータをそれぞれ異なる分離超平面で判別しており、それぞれのクラス内で最も分離超変面に近いデータ同士の距離を κ としている。このような距離を「マージン」(margin) という。

$$\boldsymbol{\theta}^{\mathsf{T}} \boldsymbol{X}_k + b_0 \begin{cases} \geq +1 & \text{for } t_k = +1 \\ \leq -1 & \text{for } t_k = -1 \end{cases} \tag{8.3}$$

式 (8.3) を満足し、κ が最大となるパラメータ $\boldsymbol{\theta}$ を求めることが**サポートベクターマシン** (Support Vector Machine: **SVM**) の目的である。

式 (8.3) の条件は以下のように書き換えられる。

$$t_k \left(\boldsymbol{\theta}^\mathsf{T} \boldsymbol{X}_k + b_0 \right) \geq +1 \qquad (8.4)$$

式 (8.4) を満足するデータのうち分離超平面からの距離が最も近いデータを $(t_s, \boldsymbol{X}_s)$ とすると、このデータは式 (8.5) を満足する。

$$t_s \left(\boldsymbol{\theta}^\mathsf{T} \boldsymbol{X}_s + b_0 \right) - 1 = 0 \qquad (8.5)$$

データ $\boldsymbol{X}_s$ から分離超平面までの距離を d_s とすると

$$d_s^2 = \frac{\left(\boldsymbol{\theta}^\mathsf{T} \boldsymbol{X}_s + b_0 \right)}{|\boldsymbol{\theta}|^2} = \frac{1}{|\boldsymbol{\theta}|^2} \qquad (8.6)$$

で与えられる。

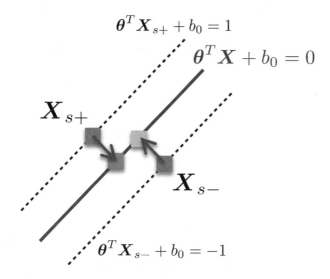

図 8.2　$\boldsymbol{X}_{s+}$、$\boldsymbol{X}_{s-}$ から分離超平面への距離 d_{s+}、d_{s-}

　図 8.2 に示すように $t_k = +1$ のデータのうち最も分離超平面に近いデータを $\boldsymbol{X}_{s+}$ とすると、$\boldsymbol{X}_{s+}$ と分離超平面との距離 d_{s+} は

$$d_{s+}^2 = \frac{\left(\boldsymbol{\theta}^\mathsf{T} \boldsymbol{X}_{s+} + b_0 \right)}{|\boldsymbol{\theta}|^2} = \frac{1}{|\boldsymbol{\theta}|^2} \qquad (8.7)$$

である。一方、図 8.2 に示すように $t_k = -1$ のデータのうち最も分離超平面に近いデータを $\boldsymbol{X}_{s-}$ とすると、$\boldsymbol{X}_{s-}$ と分離超平面との距離 d_{s-} は

$$d_{s-}^2 = \frac{\left(\boldsymbol{\theta}^\mathsf{T} \boldsymbol{X}_{s-} + b_0 \right)}{|\boldsymbol{\theta}|^2} = \frac{1}{|\boldsymbol{\theta}|^2} \qquad (8.8)$$

である。式 (8.7)、式 (8.8) より κ^2 は

$$\kappa^2 = \frac{2}{\boldsymbol{\theta}^\mathsf{T} \boldsymbol{\theta}} \tag{8.9}$$

である。

　SVM は式 (8.4) の条件の下で、式 (8.9) を最大化することが目的となる。式 (8.9) の最大化は下記の評価式 (8.10) を最小化することと同等である。

$$L_p(\boldsymbol{\theta}) = \frac{\boldsymbol{\theta}^\mathsf{T} \boldsymbol{\theta}}{2} \tag{8.10}$$

式 (8.4) の条件の下で、式 (8.10) を最小化するパラメータ $(\boldsymbol{\theta}, b_0)$ を求める。

　線形分離可能なデータについて考える。線形分離可能なデータでは式 (8.4) の制約条件を満足するパラメータ $(\boldsymbol{\theta}, b_0)$ は必ず存在する。制約条件を満足する解のことを「許容解」もしくは「実行可能解」という。「実行可能解」のうち式 (8.5) を満足するデータ $\boldsymbol{X}_s$ を「サポートベクトル」という。

　パラメータ $(\boldsymbol{\theta}, b_0)$ を求めるため、**ラグランジュ未定乗数法**を用いる。式 (8.10) と式 (8.4) に $\alpha_i \geq 0$ のラグランジュ乗数を導入すると次のラグランジュ関数が得られる。

$$\tilde{L}_p(\boldsymbol{\theta}, b_0, \boldsymbol{\alpha}) = \frac{\boldsymbol{\theta}^\mathsf{T} \boldsymbol{\theta}}{2} - \sum_{i=1}^{N} \alpha_i \left(t_i \left(\boldsymbol{\theta}^\mathsf{T} \boldsymbol{X}_i + b_0 \right) - 1 \right) \tag{8.11}$$

ここで $\boldsymbol{\alpha} = (\alpha_1, \alpha_2, \cdots, \alpha_N)^\mathsf{T}$ はラグランジュ未定乗数である。

　ラグランジュ関数を用いると、式 (8.4) の条件の下で、式 (8.10) を最小化するパラメータ $(\boldsymbol{\theta}, b_0)$ を求めることは式 (8.11) のラグランジュ関数を最大化するパラメータを求めることとなる。このように元の最適化を行う問題を制約条件を用いて別の扱いやすい問題に置き換えて解く方法を双対問題という。双対問題では元の最小化したい問題を主問題、置き換えて得られたラグランジュ関数を最大化する問題を補問題という。

　式 (8.11) を最大化するパラメータは式 (8.11) を $\boldsymbol{\theta}$ および b_0 で偏微分し、0 とおいた下記の式を満足する。

$$\begin{cases} \dfrac{\partial \tilde{L}_p(\boldsymbol{\theta}, b_0, \boldsymbol{\alpha})}{\partial \boldsymbol{\theta}} = \boldsymbol{\theta} - \displaystyle\sum_{i=1}^{N} \alpha_i t_i X_i = 0 \\[4mm] \dfrac{\partial \tilde{L}_p(\boldsymbol{\theta}, b_0, \boldsymbol{\alpha})}{\partial b_0} = \displaystyle\sum_{i=1}^{N} \alpha_i t_i = 0 \end{cases} \tag{8.12}$$

式 (8.12) の結果を式 (8.11) のラグランジュ関数に代入する。

$$\tilde{L}_p(\boldsymbol{\theta}, b_0, \boldsymbol{\alpha}) = -\frac{1}{2} \sum_{i=1}^{N} \sum_{j=1}^{N} \alpha_i \alpha_j t_i t_j \boldsymbol{X}_i^\mathsf{T} \boldsymbol{X}_j + \sum_{i=1}^{N} \alpha_i \tag{8.13}$$

式 (8.13) を最大化する $\boldsymbol{\alpha}$ を

$$\sum_{i=1}^{N} t_i \alpha_i = 0 \ , \ \alpha_i \geq 0, \forall i \tag{8.14}$$

の条件の下で求める。求めるパラメータ $\boldsymbol{\theta}$ はこの $\boldsymbol{\alpha}$ から以下のように決定する。

$$\boldsymbol{\theta} = \sum_{i=1}^{N} t_i \alpha_i \boldsymbol{X}_i \tag{8.15}$$

　以上のようにデータが線形分離可能であることを前提にマージン内にデータが存在しないように分離超平面を求める SVM を後述するマージン内にデータの存在を許容する「ソフトマージン SVM」と区別して「**ハードマージン SVM**」(hard margin SVM) という。

例題 1

　図 8.3 に示すように $(\boldsymbol{X}_1, t_1) = ((0,1), -1)$、$(\boldsymbol{X}_2, t_2) = ((1,0), +1)$ の 2 個のデータをマージンが最大となるようにそれぞれを判別できる分離直線を求める。

　このときのラグランジュ関数は次のようになる。

$$\tilde{L}_p(\boldsymbol{\theta}, b_0, \boldsymbol{\alpha}) = -\frac{1}{2}\sum_{i=1}^{2}\sum_{j=1}^{2}\alpha_i\alpha_j t_i t_j \boldsymbol{X}_i^\mathsf{T}\boldsymbol{X}_j + \sum_{i=1}^{2}\alpha_i = -\frac{1}{2}\left(\alpha_1^2 + \alpha_2^2\right) + \alpha_1 + \alpha_2 \tag{8.16}$$

また制約条件は次の通り。

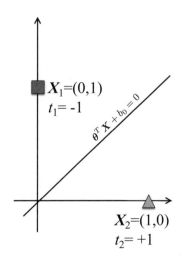

$\boldsymbol{X}_1 = (0,1)$
$t_1 = -1$

$\boldsymbol{\theta}^T \boldsymbol{X} + b_0 = 0$

$\boldsymbol{X}_2 = (1,0)$
$t_2 = +1$

図 **8.3**　SVM の例

$$\sum_{i=1}^{2} t_i \alpha_i = -\alpha_1 + \alpha_2 = 0 \ , \ \alpha_1 \geq 0, \alpha_2 \geq 0 \tag{8.17}$$

よって

$$\tilde{L}_p(\boldsymbol{\theta}, b_0, \boldsymbol{\alpha}) = -\alpha_1^2 + 2\alpha_1 = -(\alpha_1 - 1)^2 + 1 \tag{8.18}$$

$$\therefore \alpha_1 = \alpha_2 = 1 \tag{8.19}$$

▶[SVM のための数値最適化法]
SVM のための数値最適化法としてはチャンキング、分解法、SMO 法などのアルゴリズムが提案されており、多くの計算ライブラリでは SMO 法が採用されている。

▶[チャンキング (chunking)]
V. N. Vapnik, Estimation of dependence based on empirical data, 1982.

▶[分解法 (decomposition method)]
E. Osuna, R. Freund, F. Girosi, Support vector machines: training and application, 1996.

▶[SMO 法 (sequential minimal optimization method)]
J. C. Platt, Fast training of support vector machines using sequential minimal optimization, 1999.

この $\boldsymbol{\alpha}$ から $\boldsymbol{\theta}$ は以下のように得られる。

$$\boldsymbol{\theta} = \sum_{i=1}^{2} t_i \alpha_i \boldsymbol{X}_i = -\begin{pmatrix} 0 \\ 1 \end{pmatrix} + \begin{pmatrix} 1 \\ 0 \end{pmatrix} = \begin{pmatrix} 1 \\ -1 \end{pmatrix} \tag{8.20}$$

この $\boldsymbol{\theta}$ から

$$\begin{cases} \boldsymbol{\theta}^\mathsf{T} \boldsymbol{X}_1 = (+1, -1) \begin{pmatrix} 0 \\ 1 \end{pmatrix} + b_0 = -1 + b_0 \leq -1 \\ \\ \boldsymbol{\theta}^\mathsf{T} \boldsymbol{X}_2 = (+1, -1) \begin{pmatrix} 1 \\ 0 \end{pmatrix} + b_0 = +1 + b_0 \geq +1 \end{cases} \tag{8.21}$$

よって

$$\therefore b_0 = 0 \tag{8.22}$$

である。

以上をまとめると分離直線は

$$\boldsymbol{\theta}^\mathsf{T} \boldsymbol{X} = (+1, -1) \boldsymbol{X} = 0 \tag{8.23}$$

となる。

この例ではそれぞれのクラスにデータが1個ずつしか存在せずこれらは全てサポートベクターになるため、パラメータは代数的に容易に求められる。しかしながら一般的には与えられたデータのうちサポートベクターとなるデータを探索し、それらから分離超平面のパラメータを決定することは非常に手間がかかるため、様々な数値最適化法が用いられる。

8.2　ソフトマージン SVM

線形分離可能なデータでは式 (8.4) の制約条件を満足するパラメータ $(\boldsymbol{\theta}, b_0)$ は必ず存在したが、線形不可能なデータでは式 (8.4) の制約条件を満足しないデータが存在する。そこで式 (8.4) の制約条件を緩和させる**スラック変数** ξ を導入する。

▶[ソフトマージン SVM]
C. Cortes, V. N. Vapnik, "Support-vector networks," Machine Learning, 20, pp. 273297, 1995.

$$t_i \left(\boldsymbol{\theta}^\mathsf{T} \boldsymbol{X}_i + b_0 \right) \geq 1 - \xi_i \ , \ \xi_i \geq 0 \tag{8.24}$$

スラック変数 ξ は正則化パラメータとして作用する。このため最小化すべき評価式は次のようになる。

$$L_p(\boldsymbol{\theta}, \boldsymbol{\xi}) = \frac{\boldsymbol{\theta}^\mathsf{T}\boldsymbol{\theta}}{2} + C\sum_{i=1}^{N}\xi^p \tag{8.25}$$

式 (8.25) の C はマージンパラメータ（正則化パラメータ）とよばれ、値が小さいとスラック変数 ξ_i が取りうる値が大きくなり、結果としてマージン内にデータが存在することを許容する。マージン内にデータの存在を許容しない SVM をハードマージン SVM、マージン内にデータの存在を許容する SVM をソフトマージン SVM という。ソフトマージン SVM では線形分離不可能なデータに対しては C が小さい値の場合には、学習時の判別精度は向上するが過剰適合が生じやすく、汎化能力は低下する。一方、C が大きい場合は ξ_i の取りうる値は 0 に近づく。C が無限大であれば ξ_i は 0 となり、ハードマージン SVM と同等となる。

また評価式 (8.25) の正則化項は $\boldsymbol{\xi}$ のノルムであり、$p = 1$ ならば L1 ノルム、$p = 2$ ならば L2 ノルムである。このため $p = 1$ を採用した場合は「L1 ソフトマージン SVM」、$p = 2$ を採用した場合は「L2 ソフトマージン SVM」という。

L1 ソフトマージン SVM の主問題は評価式 (8.25) を条件 (8.24) を満足した上で最小化するパラメータ $\boldsymbol{\theta}$ を求めることである。ここでラグランジュ未定乗数 $\boldsymbol{\alpha} = (\alpha_1, \alpha_2, \cdots, \alpha_N)^\mathsf{T}$、$\boldsymbol{\mu} = (\mu_1, \mu_2, \cdots, \mu_N)^\mathsf{T}$ を導入し、以下のラグランジュ関数を考える。

$$\begin{aligned}
\tilde{L}_p(\boldsymbol{\theta}, b_0, \boldsymbol{\alpha}, \boldsymbol{\xi}, \boldsymbol{\mu}) = {} & \frac{\boldsymbol{\theta}^\mathsf{T}\boldsymbol{\theta}}{2} + C\sum_{i=1}^{N}\xi \\
& - \sum_{i=1}^{N}\alpha_i\left(t_i\left(\boldsymbol{\theta}^\mathsf{T}\boldsymbol{X}_i + b_0\right) - 1 + \xi_i\right) \\
& - \sum_{i=1}^{N}\mu_i\xi_i
\end{aligned} \tag{8.26}$$

以下の制約条件を満足するパラメータが式 (8.26) の最小値を与える。

$$\begin{cases} \dfrac{\partial \tilde{L}_p(\boldsymbol{\theta}, b_0, \boldsymbol{\alpha}, \boldsymbol{\xi}, \boldsymbol{\mu})}{\partial \boldsymbol{\theta}} = \boldsymbol{\theta} - \displaystyle\sum_{i=1}^{N} \alpha_i t_i \boldsymbol{X}_i = 0 \\[3mm] \dfrac{\partial \tilde{L}_p(\boldsymbol{\theta}, b_0, \boldsymbol{\alpha}, \boldsymbol{\xi}, \boldsymbol{\mu})}{\partial b_0} = \displaystyle\sum_{i=1}^{N} \alpha_i t_i = 0 \\[3mm] \dfrac{\partial \tilde{L}_p(\boldsymbol{\theta}, b_0, \boldsymbol{\alpha}, \boldsymbol{\xi}, \boldsymbol{\mu})}{\partial \xi_i} = C - \alpha_i - \mu_i = 0 \\[2mm] t_i\left(\boldsymbol{\theta}^{\mathsf{T}} \boldsymbol{X}_i + b_0\right) - 1 + \xi_i \geq 0 \\[2mm] \xi_i \geq 0 \, , \, \alpha_i \geq 0 \, , \, \mu_i \geq 0 \\[2mm] \alpha_i\left(t_i\left(\boldsymbol{\theta}^{\mathsf{T}} \boldsymbol{X}_i + b_0\right) - 1 + \xi_i\right) \geq 0 \\[2mm] \mu_i \xi_i = 0 \end{cases} \tag{8.27}$$

条件 (8.27) を Karush-Kuhn-Tucker (KKT) 条件という。

KKT 条件より L1 ソフトマージン SVM の主問題から式 (8.28) を最大化する双対問題の補問題が得られる。

$$\tilde{L}_p(\boldsymbol{\theta}, b_0, \boldsymbol{\alpha}) = -\frac{1}{2}\sum_{i=1}^{N}\sum_{j=1}^{N} \alpha_i \alpha_j t_i t_j \boldsymbol{X}_i^{\mathsf{T}} \boldsymbol{X}_j + \sum_{i=1}^{N} \alpha_i \tag{8.28}$$

式 (8.28) を最大化する $\boldsymbol{\alpha}$ を

$$\sum_{i=1}^{N} t_i \alpha_i = 0 \, , \, 0 \leq \alpha_i \leq C, \forall i \tag{8.29}$$

の条件の下で求める。実際にはハードマージン SVM 同様に数値最適化手法により $\boldsymbol{\alpha}$ を求め、式 (8.15) で $(\boldsymbol{\theta}, b_0)$ を求める。

なお、ソフトマージン SVM の補問題である式 (8.28) はハードマージン SVM の補問題である式 (8.13) と同じである。ハードマージン SVM と異なるのは制約条件 (8.29) であり、α_i の上限が C となる。したがって、C の値が大きければ α_i には制限が無いことと同等となり、C の値が小さければ α_i の制限が厳しくなる。

8.3　scikit-learn による SVM の実装

SVM を実装する場合、SMO などの数値最適化手法が必要となる。ここでは、Python 用のオープンソースの機械学習アルゴリズムモジュールである scikit-learn を用いて SVM を実装し、実際の動作を確かめる。

二つのクラスにラベル付けされている 2 次元データを判別することができる分離超平面を SVM で求める。Python では機械学習モジュール scikit-learn に含まれる SVC (Support Vector Machine Classification) を使用することで SVM でデータのクラスを判別する分離超平面のパラメータ $(\boldsymbol{\theta}, b_0)$ を求めることができる。判別結果はグラフ描画モジュール matplotlib で可視化することができるが、ここでは機械学習結果やデー

▶[scikit-learn、mlxtend の
インストール]
　scikit-learn および mlxtend
がインストールされていな
い場合、まずこれらをインス
トールする必要がある。イン
ストールが必要か否かは
import sklearn
import mlxtend
とだけ記述した py ファイル
を作成し、Python を実行す
る。その結果
No module named sklearn
もしくは
No module named mlxtend
が表示された場合、インストー
ルが必要である。これらのイ
ンストールはターミナル（コ
マンドプロンプト）で pip コ
マンドを使用してインストー
ルする。
pip install scikit-learm
pip install mlxtend

　なお、Anaconda を使用し
ている場合は上記の pip コマ
ンドを conda コマンドに置
き換える。
conda install scikit-leaarn
conda install mlxtend

タ分析結果をより簡単に可視化することができる mlxtend を使用する。

scikit-learn に含まれる SVM および、mlxtend に含まれるクラス分け結果の描画機能を使用するためにはプログラム冒頭で

```
import sklearn
import mlxtend.plotting}
```

と記述することで scikit-learn の SVM モジュールと mlxtend の描画モジュールが使用できる。

SVM によるデータの分類ではまず SVM のパラメータを

```
\texttt{model = sklearn.svm.SVC( 引数 )}
```

で引数 で設定する。

SVC の引数 には kernel、C などが使用できる。kernel = 'linear' とすることで分離超平面を求めることができる。C は ソフトマージン SVM での正則化パラメータである。C=1 がデフォルト値であり、この値が大きければ ハードマージン SVM とみなせる。

model.fit(データ , ラベル) と記述することでデータがラベルで分類される分離超平面のパラメータが数値最適化手法で決定される。数値最適化手法で得られたパラメータは下記の通り取得することができる。

1. 分離超平面の決定に用いられたサポートベクトル: model.support_vector_
2. SVM の補問題でのラグランジュ係数 (KKT 係数) である $\boldsymbol{\alpha}$: model.dual_coef_
3. パラメータ $\boldsymbol{\theta}$: model.coef_
   なおこのパラメータは $\boldsymbol{\alpha}$ とデータ $\boldsymbol{X}_i$ を使用して式 (8.15) からも得られる。
4. パラメータ b_0 : model.intercept_

例題 2

図 8.4 のデータを判別することができる分離超平面を SVM で求める。図 8.4 のデータの詳細は下記に示す通りである。

```
data = np.array(
[[-1.0, 6.3], [-1.0, 4.0], [-2.3, 7.6], [-1.9, 4.3],
 [-3.3, 5.0], [-4.1, 2.9], [-4.2, 0.8], [-5.3, 6.2],
 [-4.7, 5.2], [-5.9, 1.7], [-1.0, 2.0], [ 1.0, 0.0],
 [ 1.0,-5.9], [ 2.0,-1.0], [ 1.8,-2.4], [ 2.9, 1.1],
 [ 4.3, 2.4], [ 3.7,-4.1], [ 5.6, 3.4], [ 5.3,-2.8],
 [ 5.7, 4.7], [ 1.0, 2.0] ])
```

```
label = np.array(
 [-1, -1, -1, -1, -1, -1, -1, -1, -1, -1, -1,
  +1, +1, +1, +1, +1, +1, +1, +1, +1, +1, +1 ])
```

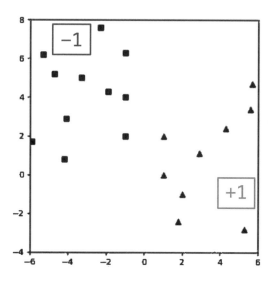

図 **8.4**　SVM で分離するデータ例

dataが各2次元データ、labelがそれぞれのデータに対応したラベルである。これらのデータを Program 8.1 に示すプログラムを用い、SVM で分離超平面を求める。

Program 8.1

```
1  # -*- coding: utf-8 -*-
2  import numpy as np
3  import matplotlib.pyplot as plt
4  import sklearn.svm
5  import mlxtend.plotting
6
7  data = np.array(
8  [[-1.0, 6.3], [-1.0, 4.0], [-2.3, 7.6], [-1.9, 4.3], [-3.3, 5.0], [-4.1, 2.9],
      [-4.2, 0.8], [-5.3, 6.2], [-4.7, 5.2], [-5.9, 1.7], [-1.0, 2.0], [ 1.0, 0.0],
      [ 1.0,-5.9], [ 2.0,-1.0], [ 1.8,-2.4], [ 2.9, 1.1], [ 4.3, 2.4], [ 3.7,-4.1],
      [ 5.6, 3.4], [ 5.3,-2.8], [ 5.7, 4.7], [ 1.0, 2.0] ])
9
```

```
10  label = np.array(  [-1, -1, -1, -1, -1, -1, -1, -1, -1, -1, -1, +1, +1, +1, +1, +1,
        +1, +1, +1, +1, +1, +1 ])
11
12  model = sklearn.svm.SVC( kernel='linear', C=100 )
13  model.fit( data, label )
14  print( 'support_vectors_ \n', model.support_vectors_ )
15  print( 'dual_coef_ \n', model.dual_coef_ )
16  print( 'coef_ \n', model.coef_ )
17  print( 'intercept_ \n', model.intercept_ )
18
19  plt.rc('text', usetex=True)
20  plt.rc('font', family='serif')
21  mlxtend.plotting.plot_decision_regions( data, label, model )
22  plt.xlabel( r'$x_i$', fontsize=20 )
23  plt.ylabel( r'$y_i$', fontsize=20 )
24  plt.show()
```

　Program 8.1 で C の値を C=1、C=0.1、C=0.01 に変化させた場合の判別結果を mlxtend を使用して図示した結果と、得られたパラメータを図 8.5 に示す。なお図 8.5 中の直線が分離超平面であり、点線は

$$\boldsymbol{\theta}^{\mathsf{T}} \boldsymbol{X}_k + b_0 = \pm 1 \tag{8.30}$$

を満足する超平面を表す。ハードマージン SVM ではこの点線上に存在するデータがサポートベクターで、点線間の距離がマージンとなる。またソフトマージン SVM ではこの領域内にデータが存在する。なお点線は後から得られた図に付加したものであり、Program 8.1 を実行しても表示されない。

　このデータでは図 8.5 に示すように C=1 の場合はハードマージン SVM であり、C の値をこれよりも大きくしても結果は変化しない。図 8.5 に示す通り、この際のパラメータは

```
support_vectors_
 [[-1.  2.]
 [ 1.  2.]]
dual_coef_
 [[-0.5  0.5]]
coef_
 [[1. 0.]]
intercept_
 [-0.]
```

と得られる。すなわちデータ $(-1, 2)$、$(1, 2)$ の 2 個がサポートベクターで

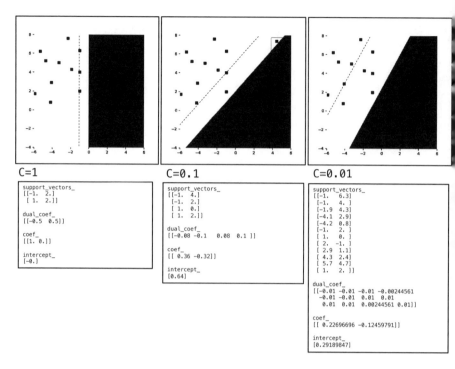

C=1

```
support_vectors_
[[-1.  2.]
 [ 1.  2.]]

dual_coef_
[[-0.5  0.5]]

coef_
[[1.  0.]]

intercept_
[-0.]
```

C=0.1

```
support_vectors_
[[-1.  4.]
 [-1.  2.]
 [ 1.  0.]
 [ 1.  2.]]

dual_coef_
[[-0.08 -0.1   0.08  0.1 ]]

coef_
[[ 0.36 -0.32]]

intercept_
[0.64]
```

C=0.01

```
support_vectors_
[[-1.   6.3]
 [-1.   4. ]
 [-1.9  4.3]
 [-4.1  2.9]
 [-4.2  0.8]
 [-1.   2. ]
 [ 1.   0. ]
 [ 2.  -1. ]
 [ 2.9  1.1]
 [ 4.3  2.4]
 [ 5.7  4.7]
 [ 1.   2. ]]

dual_coef_
[[-0.01 -0.01 -0.01 -0.00244561
  -0.01 -0.01  0.01  0.01
   0.01  0.01  0.00244561  0.01]]

coef_
[[ 0.22696696 -0.12459791]]

intercept_
[0.29189847]
```

図 **8.5**　SVM で C の値による判別結果

あり、C=1 の時の分離超平面は

$$x = 0 \qquad (8.31)$$

である。

　図 8.5 の真ん中の C=0.1 の場合はソフトマージン SVM となる。この際のパラメータは

```
support_vectors_
 [[-1.  4.]
 [-1.  2.]
 [ 1.  0.]
 [ 1.  2.]]
dual_coef_
 [[-0.08 -0.1   0.08  0.1 ]]
coef_
 [[ 0.36 -0.32]]
intercept_
 [0.64]
```

となる。データ $(-1, 4)$、$(-1, 2)$、$(1, 0)$、$(1, 2)$ の 4 個がサポートベクターである。このうち $(-1, 2)$、$(1, 2)$ の 2 個はマージン内に存在する。C=0.1 の時の分離超平面は

$$0.36x - 0.32y + 0.64 = 0 \tag{8.32}$$

である。

C=0.01 の場合のパラメータは

```
support_vectors_
 [[-1.    6.3]
 [-1.    4. ]
 [-1.9  4.3]
 [-4.1  2.9]
 [-4.2  0.8]
 [-1.    2. ]
 [ 1.    0. ]
 [ 2.   -1. ]
 [ 2.9  1.1]
 [ 4.3  2.4]
 [ 5.7  4.7]
 [ 1.    2. ]]
coef_
 [[ 0.22696696 -0.12459791]]
intercept_
 [0.29189847]
```

となり、サポートベクターは 12 個となる。また C=0.01 の際の分離超平面は

$$0.22696696x - 0.12459791y + 0.29189847 = 0 \tag{8.33}$$

である。

このように ソフトマージン SVM ではマージン内にデータを許容することにより分離超平面が変化することに注意する。

8.4 カーネル SVM

ソフトマージン SVM ではマージン内にデータを許容することで条件を緩和し、制約条件を満足することで分離超平面を得た。しかしながら、そもそものデータがデータ空間内の超平面では判別することができず、曲面でなければ判別ができないようなデータが存在する場合がある。このような場合に効果的に判別を行うことができるのがカーネル関数による**非線形 SVM** である。これはデータを非線形変換で高次元に写像し、この高次元に写像されたデータで分離を行う方法である。すなわちデータ $\boldsymbol{X}_i$ の非線形写像 $\phi(\boldsymbol{X}_i)$ を用いて全てのデータが

$$t_i\left(\boldsymbol{\theta}^{\mathsf{T}}\phi(\boldsymbol{X}_i) + b_0\right) \geq 1 - \xi_i \tag{8.34}$$

▶[非線形 SVM]
B. E. Boser, I. M. Guyon, V. N. Vapnik, "A training algorithm for optimal margin classifiers," Proc. of The fifth annual workshop on Computational learning theory (COLT '92), pp. 144-152, 1992.

を満足するようなパラメータ $(\boldsymbol{\theta}, b_0)$ を求める。

　ソフトマージン SVM の $\boldsymbol{X}_i$ を $\phi(\boldsymbol{X}_i)$ に書き換えればよいので主問題である最小化すべき評価式およびその制約条件は次のようになる。

$$L_p(\boldsymbol{\theta}, \boldsymbol{\xi}) = \frac{\boldsymbol{\theta}^{\mathsf{T}} \boldsymbol{\theta}}{2} + C \sum_{i=1}^{N} \xi^p \tag{8.35}$$

$$t_i \left(\boldsymbol{\theta}^{\mathsf{T}} \phi(\boldsymbol{X}_i) + b_0 \right) - 1 + \xi_i \geq 0 \ , \ \xi_i \geq 0 \tag{8.36}$$

　式 (8.35) および式 (8.36) にソフトマージン SVM 同様にラグランジュ未定乗数法を適用することで双対問題の補問題が得られる。

$$\tilde{L}_d(\boldsymbol{\alpha}) = -\frac{1}{2} \sum_{i=1}^{N} \sum_{j=1}^{N} \alpha_i \alpha_j t_i t_j \phi\left(\boldsymbol{X}_i^{\mathsf{T}}\right) \phi(\boldsymbol{X}_j) + \sum_{i=1}^{N} \alpha_i \tag{8.37}$$

式 (8.37) を最大化する $\boldsymbol{\alpha}$ を

$$\sum_{i=1}^{N} t_i \alpha_i = 0 \ , \ 0 \leq \alpha_i \leq C, \forall i \tag{8.38}$$

の条件の下で求める。

　ここで式 (8.37) の $\phi\left(\boldsymbol{X}_i^{\mathsf{T}}\right) \phi(\boldsymbol{X}_j)$ は関数 ϕ を作用させたベクトル $\phi(\boldsymbol{X}_i)$ とベクトル $\phi(\boldsymbol{X}_j)$ との内積計算をしているとみなすことができる。そこでこの内積計算を

$$k(\boldsymbol{X}_i, \boldsymbol{X}_j) = \phi\left(\boldsymbol{X}_i^{\mathsf{T}}\right) \phi(\boldsymbol{X}_j) \tag{8.39}$$

と書き表す。式 (8.39) の関数は「**カーネル関数**」(kernel function) と呼ばれる。式 (8.39) を使用すると式 (8.37) は次の式 (8.40) のように書き表わせる。

$$\tilde{L}_d(\boldsymbol{\alpha}) = -\frac{1}{2} \sum_{i=1}^{N} \sum_{j=1}^{N} \alpha_i \alpha_j t_i t_j k(\boldsymbol{X}_i, \boldsymbol{X}_j) + \sum_{i=1}^{N} \alpha_i \tag{8.40}$$

カーネル関数を用いた式 (8.40) を最大化させる $\boldsymbol{\alpha}$ を式 (8.38) の条件の下で求める方法を「**カーネル SVM**」という。

　式 (8.39) のカーネル関数には以下のようなものが用いられる。

- 線形カーネル

  $k(\boldsymbol{X}_i, \boldsymbol{X}_j) = \boldsymbol{X}_i^{\mathsf{T}} \boldsymbol{X}_j$

- 多項式カーネル

  $k(\boldsymbol{X}_i, \boldsymbol{X}_j) = \left(\gamma \boldsymbol{X}_i^{\mathsf{T}} \boldsymbol{X}_j + \mathrm{coef0} \right)^n$

- シグモイドカーネル

  $k(\boldsymbol{X}_i, \boldsymbol{X}_j) = \tanh\left(\gamma \boldsymbol{X}_i^{\mathsf{T}} \boldsymbol{X}_j + \mathrm{coef0} \right)$

- RBF カーネル

$$k\left(\boldsymbol{X}_i, \boldsymbol{X}_j\right) = \exp\left(-\gamma\|\boldsymbol{X}_i - \boldsymbol{X}_j\|^2\right)$$

カーネル SVM を scikit-learn で実装し、数値実験を行う。scikit-learn の SVM によるデータの分類ではまず

```
model = sklearn.svm.SVC( 引数 )
```

の引数で kernel を表 8.1 のように指定することで各種カーネル関数を用いることができる。

表 **8.1** scikit-learn の SVC のカーネル関数 (カッコ内はデフォルト値)

linear	線形カーネル	$k\left(\boldsymbol{X}_i, \boldsymbol{X}_j\right) = \boldsymbol{X}_i^{\mathsf{T}}\boldsymbol{X}_j$
poly	多項式カーネル	$k\left(\boldsymbol{X}_i, \boldsymbol{X}_j\right) = \left(\gamma\boldsymbol{X}_i^{\mathsf{T}}\boldsymbol{X}_j + \mathrm{coef0}\right)^n$
		オプション gamma , coef0(=0.0) , degree(=3)
rbf	RBF カーネル	$k\left(\boldsymbol{X}_i, \boldsymbol{X}_j\right) = \exp\left(-\gamma\|\boldsymbol{X}_i - \boldsymbol{X}_j\|^2\right)$
		オプション gamma
sigmoid	シグモイドカーネル	$k\left(\boldsymbol{X}_i, \boldsymbol{X}_j\right) = \tanh\left(\gamma\boldsymbol{X}_i^{\mathsf{T}}\boldsymbol{X}_j + \mathrm{coef0}\right)$
		オプション gamma , coef0(=0.0)

gamma は数値で設定できるが、下記の設定もできる。それぞれの内容は右記の通り。

gamma='scale' : 'scale'=1/(n_features * X.var())

gamma='auto' : 'auto'=1/n_features

簡素な例として図 8.6 に示すような非線形分離不可能なデータを考える。このデータを Program 8.2 に示す線形カーネル (kernel='linear') を用い、SVM で判別を行なった結果を図 8.7 に示す。

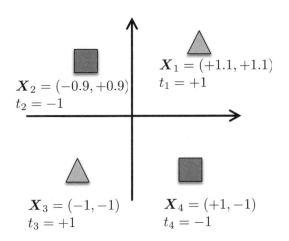

図 **8.6**　線形分離不可能な簡素なデータ例

Program 8.2

```
1  # coding: utf-8
2  import numpy as np
3  import matplotlib.pyplot as plt
4  import sklearn.svm
5
6  data = np.array([ [ 1.1, 1.1], [ -0.9, 0.9], [ -1.0, -1.0],  [ 1.0, -1.0] ])
7  label = np.array([ +1, -1, +1, -1 ])
8
9  model = sklearn.svm.SVC( kernel='linear', C=100 )
10 model.fit( data, label )
11 print( model.support_vectors_ )
12 print( model.dual_coef_ )
13 print( model.intercept_ )
14 mlxtend.plotting.plot_decision_regions( data, label, model )
15 plt.show()
```

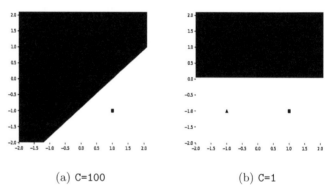

(a) C=100　　　　　　　　　　　(b) C=1

図 8.7　図 8.6 のデータの `kernel='linear'` での SVM 判別結果

　　図 8.7 の結果のように、線形分離不可能なデータはデータを分離できてい
ない。
　　次に非線形カーネル（多項式カーネル:`kernel='poly'`、シグモイドカー
ネル:`kernel='sigmoid'`、RBF カーネル:`kernel='rbf'`）を用いた結果を
図 8.8 に示す。非線形カーネルを用いると図 8.8 に示す結果のように SVM
は線形分離不可能なデータでも判別可能となる。しかし、図 8.8(a)(b) に
示すように 3 次の多項式カーネル (`kernel='poly'`, degree=3) ではバイ
アス値 (coef0) や次数 (degree) の設定で結果が大きく異なる。これは図
8.8(c) のシグモイドカーネル (`kernel='sigmoid'`) でも同様である。図 8.8
(d) の RBF カーネル (`kernel='rbf'`) はパラメータが γ(gamma) のみであ

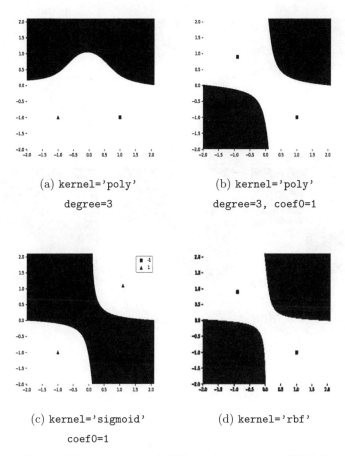

(a) kernel='poly'
degree=3

(b) kernel='poly'
degree=3, coef0=1

(c) kernel='sigmoid'
coef0=1

(d) kernel='rbf'

図 **8.8**　図 8.6 のデータの非線形カーネルでの SVM 判別結果

り、このパラメータは gamma='auto' もしくは gamma='scale'（デフォル
ト値）で対象データの分布によって決定できることもあり、広く用いられ
ている。

　パラメータ γ(gamma) はその定義からデータ間の密度に大きく影響を受
ける。このため RBF カーネルで gamma を大きく設定すると各データは自
身の近傍のみを考慮することになる。gamma を変化させた際の判別結果を
図 8.9 に示す。この図から明らかなように、gammaa=0.01 では二つのクラ
スを判別することに失敗している。その後 gammaa の増加に伴い、各デー
タ間の距離に応じて範囲が狭くなり、gammaa=1000 では各データの自身周
辺のみで判別範囲が設定されることに注意する。

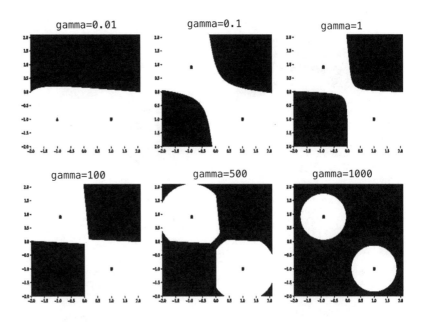

図 **8.9** RBF カーネルの γ(gamma) による SVM 判別結果

[8章のまとめ]

この章では,

1. ハードマージン SVM
2. ソフトマージン SVM
3. カーネル SVM
4. `scikit-learn` による SVM 実装

について学びました。

8 章　演習問題

[演習 8.1]　下記に記した Program 8.3 では図 8.10 に示すような 200 組の 2 次元データ　data　とそれらのデータに対応した 0, 1 の 2 値のラベル label　が自動的に生成される。これらのデータ　data　を SVM を用いてラベル値 label でクラス分け判別し、結果を検討せよ。

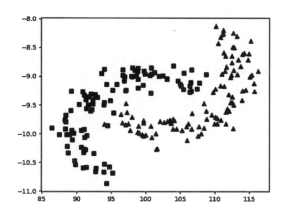

図 8.10　Program 8.3 で生成されるデータ

Program 8.3

```
1  # -*- coding: utf-8 -*-
2  import numpy as np
3  import matplotlib.pyplot as plt
4  import sklearn.svm
5  import sklearn.datasets
6  import sklearn.decomposition
7  import mlxtend.plotting
8
9  np.random.seed( 1 )
10 data, label=sklearn.datasets.make_moons(n_samples=200, shuffle=True, noise=0.15,
       random_state=1 )
11 A = np.array([[10.0*np.cos(np.pi/4), np.sin(np.pi/4)],[-10.0*np.sin(np.pi/4), np.cos(np
       .pi/4)]])
12 data = np.dot( data, A ) + [100.0, -10.0]
13
14 plt.scatter( data[label==0,0], data[label==0,1], marker='s' )
15 plt.scatter( data[label==1,0], data[label==1,1], marker='^' )
16 plt.show()
```

[解 8.1] `scikit-learn` の `SVC`(Support Vector Machine Classification) を用いた Program 8.4 で判別を行う。

Program 8.4

```
1   # -*- coding: utf-8 -*-
2   import numpy as np
3   import matplotlib.pyplot as plt
4   import sklearn.svm
5   import sklearn.datasets
6   import sklearn.decomposition
7   import mlxtend.plotting
8
9   np.random.seed( 1 )
10  data, label=sklearn.datasets.make_moons(n_samples=200, shuffle=True, noise=0.15,
        random_state=1 )
11  A = np.array([[10.0*np.cos(np.pi/4), np.sin(np.pi/4)],[-10.0*np.sin(np.pi/4), np.cos(np.pi
        /4)]])
12  data = np.dot( data, A ) + [100.0, -10.0]
13  label = np.array([ -1 if k==0 else 1 for k in label])
14
15  model = sklearn.svm.SVC( kernel='rbf' )
16  # 元データを rbf カーネルで分類
17  model.fit( data, label )
18  mlxtend.plotting.plot_decision_regions( data, label, model )
19  plt.show()
20
21  # 元データの標準化し、標準化データを rbf カーネルで分類
22  std_data = ( data - data.mean(axis=0) ) / data.std(axis=0)
23  model.fit( std_data, label )
24  mlxtend.plotting.plot_decision_regions( std_data, label, model )
25  plt.show()
```

まずは多項式カーネルを使用した場合を考える。

Program 8.3 で生成されるデータは偏りがあるデータである。このままのデータを Program 8.4 で多項式カーネルを使用して SVM で判別を行なった結果を図 8.11(a) に、データを平均 0、標準偏差 1 となるように標準化したうえで多項式カーネルの SVM で判別を行なった結果を図 8.11(b) に示す。

また元のデータを RBF カーネルを使用して SVM で判別を行なった結果を図 8.12(a) に、データを平均 0、標準偏差 1 となるように標準化したうえで RBF カーネルの SVM で判別を行なった結果を図 8.12(b) に示す。

図 8.11 および図 8.12 の結果から分かるように、データを標準化するなどの適切な前処理を行わないと正しく判別することが困難である場合があることが分かる。この場合は多項式カーネルと RBF カーネルとでは同様な判別結果が得られる。RBF カーネルの場合には調整が必要なパラメータが gamma のみであることに注意する。

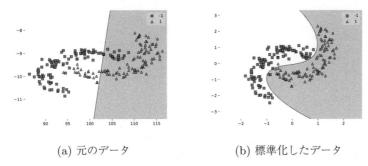

(a) 元のデータ　　　　　(b) 標準化したデータ

図 **8.11**　多項式カーネル (kernel='poly', degree=3, coef0=1) の SVM で判別した結果

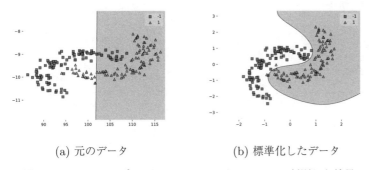

(a) 元のデータ　　　　　(b) 標準化したデータ

図 **8.12**　RBF カーネル (kernel='rbf') の SVM で判別した結果

9章 パーセプトロンと ロジスティック回帰

[ねらい]

　近年脚光を浴びているニューラルネットワークの基本となるパーセプトロンとこれの確率モデルとして捉えることのできるロジスティック回帰を取り上げる。パーセプトロンは線形識別モデルの一つである。これまで紹介した線形判別器は識別対象となるデータが全て与えられている際に分離超平面を求める手法であった。これに対してパーセプトロンでは分離超平面のパラメータを逐次学習アルゴリズムにより求める。このため後からデータを追加しても、追加したデータに対応した分離超平面を求めることができる。さらにこれを確率モデルとして考えるとロジスティック回帰が得られる。

[この章の項目]

パーセプトロン

パーセプトロンの収束定理

ロジスティック回帰

9.1　パーセプトロン

　パーセプトロン (Perceptron) は 1958 年に Frank Rosenblatt がパターン認識をする機械として発表した。最も単純なパーセプトロンは N 次元の入力ベクトルを 2 値識別できる。このパーセプトロンの動作は k 番目の N 次元ベクトル $\boldsymbol{x}_k$ の先頭に 1 を加えた $N+1$ 次元ベクトルを $\boldsymbol{X}_k$、$N+1$ 次元のパラメータベクトルを $\boldsymbol{\theta}$、k 番目の入力ベクトルに対する識別結果を y_k とすると次式で表される。

▶[パーセプトロン]
　F. Rosenblatt, "The perceptron: a probabilistic model for information storage and organization in the brain," Psychological Review, vol. 65, no. 6, pp. 386-408, 1958.

$$y_k = f\left(\boldsymbol{\theta}^\mathsf{T} \boldsymbol{X}_k\right) = \begin{cases} +1 & \boldsymbol{\theta}^\mathsf{T} \boldsymbol{X}_k > 0 \\ -1 & \boldsymbol{\theta}^\mathsf{T} \boldsymbol{X}_k \le 0 \end{cases} \tag{9.1}$$

これは線形識別器と同等のものである。

　入力、出力ともに ±1 の 2 値のみである 2 入力 1 出力のパーセプトロンを考える。入力を $\boldsymbol{x}_k \equiv (x_{k1}, x_{k2})$、出力を y_k とする。

$$y_k = f\left(\boldsymbol{\theta}^\mathsf{T} \boldsymbol{X}_k\right) = f\left(\theta_0 + \theta_1 x_{k1} + \theta_2 x_{k2}\right) \tag{9.2}$$

パラメータ $\boldsymbol{\theta} \equiv (\theta_0, \theta_1, \theta_2)$ を次のように設定する。

$$\boldsymbol{\theta} \equiv (\theta_0, \theta_1, \theta_2) = (0.5, 1.0, 1.0) \tag{9.3}$$

このときの入出力は表 9.1 に示すようになる。

表 **9.1**　2 入力 1 出力のパーセプトロンの入出力例 (OR ゲート)

x_{k1}	x_{k2}	y_k
−1	−1	−1
+1	−1	+1
−1	+1	+1
+1	+1	+1

　これは +1 を True、−1 を False とすれば論理回路の OR ゲートと同等である。

　パラメータ $\boldsymbol{\theta} \equiv (\theta_0, \theta_1, \theta_2)$ のうち θ_0 のみを前述の例から変更し次のように設定する。

$$\boldsymbol{\theta} \equiv (\theta_0, \theta_1, \theta_2) = (-0.5, 1.0, 1.0) \tag{9.4}$$

このときの入出力は表 9.2 に示すようになる。これは論理回路の AND ゲートと同等である。

　以上のようにシステムの構造そのものを変更することなく、パラメータ $\boldsymbol{\theta}$ を変更することで、その入出力関係を変更することができる。そこで各

表 **9.2**　2 入力 1 出力のパーセプトロンの入出力例 (AND ゲート)

x_{k1}	x_{k2}	y_k
-1	-1	-1
$+1$	-1	-1
-1	$+1$	-1
$+1$	$+1$	$+1$

入力に対して所望の出力が得られるようにパラメータを学習する方法について考える。

入力 $\boldsymbol{X}_k$ に対する所望出力を t_k とする。すなわち

$$\sum_k (t_k - y_k) = 0 \tag{9.5}$$

を満足するようにパラメータ $\boldsymbol{\theta}$ を決定することが学習の目的である。

式 (9.5) の各 k に対する値は識別結果が所望出力と異なる場合にのみ値を持つ。誤識別されたパターンの集合を $\mathcal{M}$ とすると次式の $E_p(\boldsymbol{\theta})$ を最小にするパラメータを求める。

$$E_p(\boldsymbol{\theta}) = -\sum_{k \in \mathcal{M}} \boldsymbol{\theta}^\mathsf{T} \boldsymbol{X}_k t_k \tag{9.6}$$

$E_p(\boldsymbol{\theta})$ を最小化するパラメータ $\hat{\boldsymbol{\theta}}$ は確率的勾配降下法 (stochastic gradient descent) で求める。$E_p(\boldsymbol{\theta})$ の最急降下方向は $E_p(\boldsymbol{\theta})$ を $\boldsymbol{\theta}$ の勾配を求めることで得られる。

$$\nabla E_p(\boldsymbol{\theta}) = \frac{\partial E_p(\boldsymbol{\theta})}{\partial \boldsymbol{\theta}} = -\sum_{k \in \mathcal{M}} \boldsymbol{X}_k t_k \tag{9.7}$$

上記は誤分類された全ての入力に対する勾配より最急降下方向を求めているが、確率的勾配降下法ではこれを一つの誤分類された入力に対する勾配で近似し、以下の反復により $\hat{\boldsymbol{\theta}}$ を求める。

$$\boldsymbol{\theta} := \boldsymbol{\theta} - \eta \nabla E_p(\boldsymbol{\theta}) = \boldsymbol{\theta} + \eta \boldsymbol{X}_k t_k \qquad k \in \mathcal{M} \tag{9.8}$$

η は**学習係数** (learning rate) とよばれる。これは大きすぎると反復において振動が発生し、小さすぎると収束までの反復回数が増大する。適切な学習係数 η を設定すると上記の反復で $\boldsymbol{\theta}$ は識別する入力データが線形分離可能であれば必ず収束する。これを「**パーセプトロンの収束定理**」(Perceptron's convergence theorem) という。

例題 1

下記に示す $+1$ もしくは -1 のラベルが付与された 2 次元データをパーセプトロンで分類することを試みる。

```
data = np.array([ [-7.6366, 4.4345] , [-0.8298,  5.893 ] ,
    [-5.2367,  9.7781] , [-8.0176,  4.9071] , [-3.5089,
    3.2886] , [-7.1236,  9.0147] , [-1.4804,  3.7145] ,
    [-6.0853,  5.9782] , [-1.9547,  5.2760] , [-2.6335,
    0.6570] , [ 5.9805, -6.1199] , [-0.3511, -4.0890] ,
    [-0.3488, -0.3379] , [ 2.8886,  0.4592] , [ 3.3471,
    -4.1771] , [ 4.6872, -1.2454] , [ 4.6730,  0.1728] , [
    4.6227, -2.4600] , [ 6.0332, -3.2413] , [-2.7488
    ,-4.8465] ] ).T
t = np.array([[1, 1, 1, 1, 1, 1, 1, 1, 1, 1, -1, -1, -1, -1,
    -1, -1, -1, -1, -1, -1]]).T
```

このデータを図示したものが図 9.1 であり、x がラベル +1 のデータ、▲が
ラベル −1 のデータである。データ data にラベル t を付与したリストを
Phi とする。パラメータベクトル theta の初期値は全て 1、学習率 η(eta)
は 0.2 として、下記の Program 9.1 によりパーセプトロンでデータをラベ
ルで分類できる分離超平面を求める。

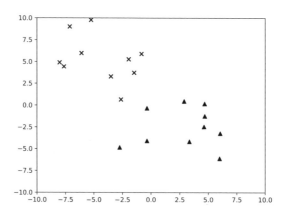

図 9.1　2 クラスの 2 次元データ

Program 9.1

```
1  import numpy as np
2  import matplotlib.pyplot as plt
3
4  data = np.array([ [-7.6366, 4.4345] , [-0.8298, 5.893 ] , [-5.2367, 9.7781] , [-8.0176,
       4.9071] , [-3.5089, 3.2886] , [-7.1236, 9.0147] , [-1.4804, 3.7145] , [-6.0853,
       5.9782] , [-1.9547, 5.2760] , [-2.6335, 0.6570] , [ 5.9805, -6.1199] , [-0.3511,
       -4.0890] , [-0.3488, -0.3379] , [ 2.8886, 0.4592] , [ 3.3471, -4.1771] , [ 4.6872,
       -1.2454] , [ 4.6730, 0.1728] , [ 4.6227, -2.4600] , [ 6.0332, -3.2413] , [-2.7488
       ,-4.8465] ] ).T
5  t = np.array([[1, 1, 1, 1, 1, 1, 1, 1, 1, 1, -1, -1, -1, -1, -1, -1, -1, -1, -1, -1]]).T
6  Phi = np.vstack(( np.ones( data.shape[1] ), data ))
7
8  # theta の初期値
9  theta = np.array([[ 1.0, 1.0, 1.0]]).T
10
11 for k, d in enumerate( data.T ):
12    if t[k]==1:
13        # t= +1 の点の描画
14        plt.scatter( d[0], d[1], marker='x', color='red'  )
15    else:
16        # t= ー 1 の点の描画
17        plt.scatter( d[0], d[1], marker='^', color='blue' )
18
19 # 識別関数の描画
20 xx = np.linspace( -10.0, 10.0, 201 )
21 yy = -( theta[0] + xx * theta[1] ) / theta[2]
22
23 plt.plot( xx, yy, color='purple' )
24
25 eta = 0.2 # 学習率パラメータ
26 # 識別失敗している点が存在している間、繰り返す
27 while np.count_nonzero( np.dot( Phi.T, theta ) * t < 0 ) > 0:
28    for k in range( data.shape[1] ):
29        # 識別失敗している場合
30        if np.dot( Phi[:,k] ,theta ) * t[k] < 0.0 :
31            # theta の値を更新
32            theta = theta +  eta * Phi[:,k:k+1] * t[k]
33            # 識別関数の描画
34            yy = -( theta[0] + xx * theta[1] ) / theta[2]
35            plt.plot( xx, yy, color='purple' )
36 plt.plot( xx, yy, color='green' )
37 plt.xlim( -10.0, +10.0 )
38 plt.ylim( -10.0, +10.0 )
39 plt.show()
```

　　Program 9.1 の実行結果を図 9.2 に示す。図 9.2(a) 中の左上がりの直線が thtea の初期値に対応した分離直線であり、その他の直線は theta の更新に伴う分離直線である。図 9.2(b) が収束した theta による分離直線である。この分離直線でデータは完全に分離できていることがわかる。

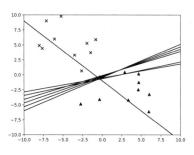

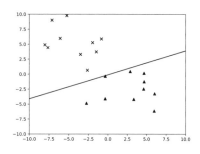

(a) 初期値から更新毎の分離直線　　　　　　(b) 収束した分離直線

図 **9.2**　パーセプトロンによる分離直線の導出過程と結果

9.2　ロジスティック回帰

　　パーセプトロンでは

$$y_k = f\left(\boldsymbol{\theta}^{\mathsf{T}} \boldsymbol{X}_k\right) = \begin{cases} +1 & \boldsymbol{\theta}^{\mathsf{T}} \boldsymbol{X}_k > 0 \\ -1 & \boldsymbol{\theta}^{\mathsf{T}} \boldsymbol{X}_k \le 0 \end{cases} \tag{9.9}$$

▶[ロジスティック回帰]
　D. R. Cox, "The regression analysis of binary sequences (with discussion)," Journal of Royal Statistical Society, series B, vol. 20, no. 2, pp. 215242, 1958.

である出力関数 $f(x)$ が用いられた。これを次の様な出力関数 s に置き換える。

$$\begin{aligned} y_k &= s\left(\boldsymbol{\theta}^{\mathsf{T}} \boldsymbol{X}_k\right) \\ s(x) &= \frac{1}{1 + \exp(-x)} \end{aligned} \tag{9.10}$$

この関数 s は**シグモイド関数** (sigmoid function) とよばれ、出力が 1 である確率を表すものとする。N 種類の入力ベクトル $\boldsymbol{X}_k$ に対する所望出力ラベルを $t_k \in \{0,1\}$ とする。このとき以下を尤度関数とすることができる。

$$L(\boldsymbol{\theta}) = \prod_{k=1}^{N} \left(s\left(\boldsymbol{\theta}^{\mathsf{T}} \boldsymbol{X}_k\right)\right)^{t_k} \left(1 - s\left(\boldsymbol{\theta}^{\mathsf{T}} \boldsymbol{X}_k\right)\right)^{1-t_k} \tag{9.11}$$

尤度関数 (9.11) を最大とするパラメータ $\boldsymbol{\theta}$ を求めればよい。計算を容易にするため尤度関数の対数をとった**対数尤度関数**を用いる。

$$\log L(\boldsymbol{\theta}) = \sum_{k=1}^{N} \left(t_k \log s\left(\boldsymbol{\theta}^{\mathsf{T}} \boldsymbol{X}_k\right) + (1 - t_k) \log\left(1 - s\left(\boldsymbol{\theta}^{\mathsf{T}} \boldsymbol{X}_k\right)\right)\right) \tag{9.12}$$

対数尤度関数値が最大となるパラメータ $\boldsymbol{\theta}$ は対数尤度関数 (9.12) をパラメータ $\boldsymbol{\theta}$ で微分し、0 となるパラメータ $\boldsymbol{\theta}$ を求めれば良い。N 個の入力ベクトル $\boldsymbol{X}_k$ を並べた行列を $\boldsymbol{\Phi}$ とおく。

$$\boldsymbol{\Phi} = (\boldsymbol{X}_1, \boldsymbol{X}_2, \cdots, \boldsymbol{X}_N) \tag{9.13}$$

この時、下記を満足するパラメータ $\hat{\boldsymbol{\theta}}$ が対数尤度関数 $\log L(\boldsymbol{\theta})$ の最大値を与える。

$$\frac{\partial \log L(\boldsymbol{\theta})}{\partial \boldsymbol{\theta}} = \boldsymbol{\Phi}\left(\boldsymbol{t} - s\left(\boldsymbol{\Phi}^\mathsf{T}\boldsymbol{\theta}\right)\right) = \boldsymbol{0} \tag{9.14}$$

式 (9.14) は非線形関数を含んでいるため解析的に解くことはできない。そこで以下のように**勾配降下法** (gradient descent) により $\boldsymbol{\theta}$ を収束させ、$\hat{\boldsymbol{\theta}}$ を求める。

$$\boldsymbol{\theta}(n+1) = \boldsymbol{\theta}(n) + \eta\boldsymbol{\Phi}\left(\boldsymbol{t} - s\left(\boldsymbol{\Phi}^\mathsf{T}\boldsymbol{\theta}\right)\right) \tag{9.15}$$

ここで n はイタレーションを表し、η は学習係数である。

　式 (9.15) は毎回の更新において全ての入力を必要とする。このような更新方法を「**バッチ学習**」(batch learning) という。これに対して下記の式 (9.16) のように入力ベクトルをいくつかの組 $\mathcal{M}$ に分け、それらの入力に対する勾配で近似して $\hat{\boldsymbol{\theta}}$ を求める方法もある。

$$\boldsymbol{\theta}(n+1) = \boldsymbol{\theta}(n) + \eta\sum_{k\in\mathcal{M}}\Phi_k\left(\boldsymbol{t} - s\left(\boldsymbol{\Phi}_k^\mathsf{T}\boldsymbol{\theta}\right)\right) \tag{9.16}$$

式 (9.16) の更新方法は「**オンライン学習**」(online learning) または「**ミニバッチ学習**」(mini-batch learning) とよばれる。

　以上の様に尤度関数 $L(\boldsymbol{\theta})$ を最大とするパラメータ $\hat{\boldsymbol{\theta}}$ を求める分類器の学習を「**ロジスティック回帰**」(Logistic regression) という。

例題 2

　例題 1 で用いた図 9.1 に示す $+1$ もしくは -1 のラベルが付与された 2 次元データをロジスティック回帰で分類することを試みる。

　パラメータベクトル **theta** の初期値は全て 1、学習率 η(eta) は 0.2 として、下記の Program 9.2 によりロジスティック回帰をバッチ学習し、データをラベルで分類できる分離超平面を求める。

Program 9.2

```python
import numpy as np
import matplotlib.pyplot as plt

data = np.array([ [-7.6366, 4.4345] , [-0.8298,  5.893 ] , [-5.2367,  9.7781] , [-8.0176,
    4.9071] , [-3.5089,  3.2886] , [-7.1236,  9.0147] , [-1.4804,  3.7145] , [-6.0853,
    5.9782] , [-1.9547,  5.2760] , [-2.6335,  0.6570] , [ 5.9805, -6.1199] , [-0.3511,
    -4.0890] , [-0.3488, -0.3379] , [ 2.8886,  0.4592] , [ 3.3471, -4.1771] , [ 4.6872,
    -1.2454] , [ 4.6730,  0.1728] , [ 4.6227, -2.4600] , [ 6.0332, -3.2413] , [-2.7488
    ,-4.8465] ] ).T
t = np.array([[1, 1, 1, 1, 1, 1, 1, 1, 1, 1, -1, -1, -1, -1, -1, -1, -1, -1, -1, -1]]).T
Phi = np.vstack(( np.ones( data.shape[1] ), data ))

# シグモイド関数の定義
def sigmoid( x ):
  return 1.0 / ( 1.0 + np.exp( -x ) )

# theta の初期値
theta = np.array([[ 1.0, 1.0, 1.0]]).T

for k, d in enumerate( data.T ):
    if t[k]==1:
        # t=+1 を点を描画
        plt.scatter( d[0], d[1], marker='x', color='red'  )
    else:
        # t=-1 を点を描画
        plt.scatter( d[0], d[1], marker='^', color='blue' )

eta = 0.2 # 学習率パラメータ
xx = np.linspace( -10.0, 10.0, 201 )
while True: # 無限ループ
    # 識別関数の描画
    yy = -( theta[0] + xx * theta[1] ) / theta[2]
    plt.plot( xx, yy, color='purple' )
    diff = theta.copy()
    # theta のバッチ学習
    theta = theta +  eta * np.dot( Phi, t - sigmoid( np.dot( Phi.T,  theta ) ) )
    # theta を 2 次ノルムで正規化
    theta = theta / np.linalg.norm( theta, ord=2 )
    if (diff-theta).all() < 10**(-4):
        break # 条件を満足したらループから抜け出す
plt.plot( xx, yy, color='green' )
plt.xlim( -10.0, +10.0 )
plt.ylim( -10.0, +10.0 )
plt.show()
```

Program 9.2 は「バッチ学習」によるものであるが、「バッチ学習」を行う下記の部分

```
# theta のバッチ学習
theta = theta +  eta * np.dot( Phi, t - sigmoid( np.dot( Phi.T,
     theta ) ) )
theta = theta / np.linalg.norm( theta, ord=2 )
```

を以下のように置き換えると「オンライン学習」となる

```
# theta のオンライン学習
for k in range( data.shape[1] ):
   theta = theta +  eta * np.dot( Phi[:,k:k+1], t[k] - sigmoid
   ( np.dot( Phi[:,k:k+1].T,  theta ) ) )
   theta = theta / np.linalg.norm( theta, ord=2 )
```

Program 9.2 の実行結果を図 9.3 に示す。図 9.3(a) 中の左上がりの直線が thtea の初期値に対応した分離直線であり、その他の直線は theta の更新に伴う分離直線である。図 9.3(b) が収束した theta による分離直線である。この分離直線でデータは完全に分離できていることがわかる。

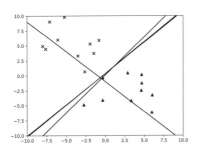
(a) 初期値から更新毎の分離直線

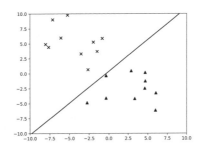
(b) 収束した分離直線

図 **9.3**　ロジスティック回帰による分離直線の導出過程と結果

[9 章のまとめ]

この章では,

1. パーセプトロン
2. ロジスティック回帰

について学びました。

9章　演習問題

[演習 9.1]　下記の Program 9.3 で生成される [data, label] の 400 組データセットを label 値でクラス分け判別せよ。

Program 9.3

```
1  # -*- coding: utf-8 -*-
2  import numpy as np
3  import matplotlib.pyplot as plt
4
5  data_num = 400
6  np.random.seed(1)
7  class0_data = [9,2] + [3.1, 2.3] * np.random.randn(data_num//2,2)
8  class1_data = [-10,-4] + [2.7, 3.3] * np.random.randn(data_num//2,2)
9  label = np.array([[ k//200 for k in range(data_num) ]] ).T
10 data = np.vstack( ( class0_data, class1_data ) )
11
12 plt.scatter( class0_data[:,0], class0_data[:,1], marker='x' )
13 plt.scatter( class1_data[:,0], class1_data[:,1], marker='^' )
14 plt.show()
```

[解 9.1]

　これまでに概説した Fisher の線形判別式に基づく判別、パーセプトロンによる判別、ロジスティック回帰による判別で判別を行う。

　Program 9.4 に Fisher の線形判別式による判別プログラムを、Program 9.5 にパーセプトロンによる判別プログラムを、Program 9.6 にロジスティック回帰による判別プログラムを示す。

Program 9.4

```python
# -*- coding: utf-8 -*-
import numpy as np
import matplotlib.pyplot as plt
data_num = 400
np.random.seed(1)
class0_data = [9,2] + [3.1, 2.3] * np.random.randn(data_num//2,2)
class1_data = [-10,-4] + [2.7, 3.3] * np.random.randn(data_num//2,2)
label = np.array([ k//200 for k in range(data_num) ] )
data = np.vstack( ( class0_data, class1_data ) )
mu0=np.array([np.mean( class0_data, axis=0 )]).T  # cls1 の平均を取り 2次元テンソルに変換
mu1=np.array([np.mean( class1_data, axis=0 )]).T
sw = np.zeros((class0_data.shape[1], class1_data.shape[1]))
for k in range( class0_data.shape[0] ):
    sw += np.dot( (class0_data[k:k+1,:].T-mu0), (class0_data[k:k+1,:].T-mu0).T )
for k in range( class1_data.shape[0] ):
    sw += np.dot( (class1_data[k:k+1,:].T-mu1), (class1_data[k:k+1,:].T-mu1).T )
theta = np.dot( np.linalg.inv( sw ), ( mu0 - mu1 ) )
s0 = np.std( np.dot( class0_data, theta ) )    # クラス 1データを w 上に写像した際の標準偏差
s1 = np.std( np.dot( class1_data, theta ) )    # クラス 2データを w 上に写像した際の標準偏差
c = ( s0 * mu1 + s1 * mu0 ) / ( s0 + s1 ) #各クラスの標準偏差からバイアスを与えるベクトルを計算
theta = np.vstack(( -np.dot( c.T, theta ), theta )) # theta[0] (バイアス値)を計算し付加

# 識別関数の描画
xx = np.linspace( -10, 10, 31 )
yy = -( theta[0] + xx * theta[1] ) / theta[2]
plt.plot( xx, yy, color='green' )

plt.scatter( class0_data[:,0], class0_data[:,1], marker='x' )
plt.scatter( class1_data[:,0], class1_data[:,1], marker='^' )
plt.show()
```

Program 9.5

```python
# -*- coding: utf-8 -*-
import numpy as np
import matplotlib.pyplot as plt
data_num = 400
np.random.seed(1)
class0_data = [9,2] + [3.1, 2.3] * np.random.randn(data_num//2,2)
```

```
 7 | class1_data = [-10,-4] + [2.7, 3.3] * np.random.randn(data_num//2,2)
 8 | label = np.array([[ k//200 for k in range(data_num) ]] ).T
 9 | data = np.vstack( ( class0_data, class1_data ) ).T
10 | Phi = np.vstack(( np.ones( data.shape[1] ), data ))
11 | theta = np.array([[ 0.0, 1.0, -1.0]]).T        # theta の初期値
12 |
13 | eta = 0.1 # 学習率パラメータ
14 | while np.count_nonzero( np.dot( Phi.T, theta ) * label < 0 ) > 0:
15 |     for k in range( data.shape[1] ):
16 |         if np.dot( Phi[:,k] ,theta ) * label[k] < 0.0 : # 識別失敗している場合
17 |             theta = theta +  eta * Phi[:,k:k+1] * label[k] # theta の値を更新
18 |
19 | # 識別関数の描画
20 | xx = np.linspace( -10, 10, 21 )
21 | yy = -( theta[0] + xx * theta[1] ) / theta[2]
22 | plt.plot( xx, yy, color='green' )
23 |
24 | plt.scatter( class0_data[:,0], class0_data[:,1], marker='x' )
25 | plt.scatter( class1_data[:,0], class1_data[:,1], marker='^' )
26 | plt.show()
```

Program 9.6

```
 1 | # -*- coding: utf-8 -*-
 2 | import numpy as np
 3 | import matplotlib.pyplot as plt
 4 | data_num = 400
 5 | np.random.seed(1)
 6 | class0_data = [9,2] + [3.1, 2.3] * np.random.randn(data_num//2,2)
 7 | class1_data = [-10,-4] + [2.7, 3.3] * np.random.randn(data_num//2,2)
 8 | label = np.array([[ k//200 for k in range(data_num) ]] ).T
 9 | data = np.vstack( ( class0_data, class1_data ) ).T
10 |
11 | def sigmoid( x ):        # シグモイド関数の定義
12 |     return 1.0 / ( 1.0 + np.exp( -x ) )
13 |
14 | Phi = np.vstack(( np.ones( data.shape[1] ), data ))
15 | theta = np.array([[ 0.0, 1.0, -1.0]]).T        # theta の初期値
16 |
17 | eta = 0.1 # 学習率パラメータ
18 | while True:
19 |     diff = theta.copy()
20 |     theta = theta +  eta * np.dot( Phi, label - sigmoid( np.dot( Phi.T,  theta ) ) )
21 |     theta = theta / np.linalg.norm( theta, ord=2 )
22 |     if (diff-theta).all() < 10**(-4): # 条件を満足したらループから抜け出す
23 |         break
24 |
```

```
25  xx = np.linspace( -10, 10, 21 )
26  yy = -( theta[0] + xx * theta[1] ) / theta[2]
27  plt.plot( xx, yy, color='green' )
28
29  plt.scatter( class0_data[:,0], class0_data[:,1], marker='x' )
30  plt.scatter( class1_data[:,0], class1_data[:,1], marker='^' )
31  plt.show()
```

以上 3 種類の方法で判別した結果を図 9.4 に示す。

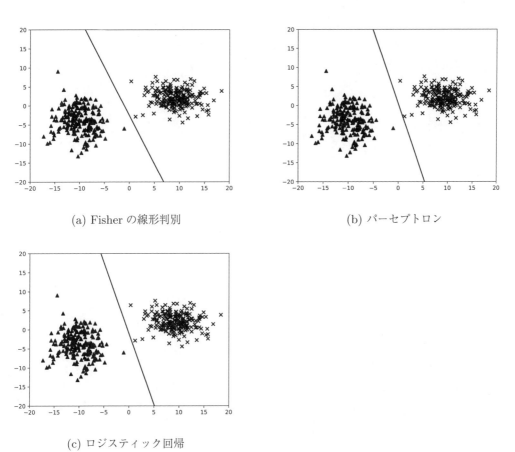

(a) Fisher の線形判別   (b) パーセプトロン

(c) ロジスティック回帰

図 **9.4** ロジスティック回帰による分離直線の導出過程と結果

10章　多層ニューラルネットワーク

[ねらい]

　パーセプトロンでは線形分離可能なデータの判別問題であれば分離超平面を求めることができた。これは線形分離可能でないデータの判別は不可能であることを意味する。パーセプトロンを多層に結合させた多層パーセプトロンではこのような制約を克服し、線形分離不可能なデータでも判別が可能となる。しかしながら2値ステップ関数を出力関数とするパーセプトロンを多層化させた多層パーセプトロンでは多層化された層間の結合荷重はパーセプトロンの収束定理では決定させることができない。パーセプトロンの出力関数を2値ステップ関数から微分可能な単調増加関数に変更したネットワークではその微分値を使用することによって多層化された層間の結合荷重の調整を可能にした。この微分可能な単調増加関数に変更した多層パーセプトロンを多層ニューラルネットワークという。多層ニューラルネットに対して与えられたデータに基づきデータを判別ができるようにするパラメータの学習方法は誤差逆伝播法という。本章では多層ニューラルネットワークの仕組みとパラメータの学習アルゴリズムである誤差逆伝播法について概説する。

[この章の項目]

多層パーセプトロン
多層ニューラルネットワーク
誤差逆伝播法

10.1　多層ニューラルネットワーク

　前章で紹介したパーセプトロンは線形分離可能なデータの判別すること
ができる学習可能なパターン識別器である。例えば 2 入力 1 出力の AND
ゲートや OR ゲートとして動作するようにパーセプトロンを学習させること
は可能である。これに対して表 10.1 に示すような排他的論理和 (Exclusive
OR: ExOR) は図 10.1 に点線で示す分離直線で二つのクラスに分類するこ
とができない**線形分離不可能** (linearly inseparable) なデータである。排他
的論理和の入出力関係を満足するようにはパーセプトロンで学習すること
はできず、学習は収束しない。

▶[Perceptron の学習能力]
　M. Minsky, S. Papert,
"Perceptrons: an introduc-
tion to computational ge-
ometry," 1969.
この本で単純パーセプトロン
は線形分離不可能な問題では
学習が収束しないことが示さ
れた。多層化することで線形
分離不可能な問題に対処する
ことができることは明らかに
されたものの、その学習法が
不明であった。

表 **10.1**　排他的論理和（ExOR）の真理値表

x_1	x_2	y
-1	-1	-1
$+1$	-1	$+1$
-1	$+1$	$+1$
$+1$	$+1$	-1

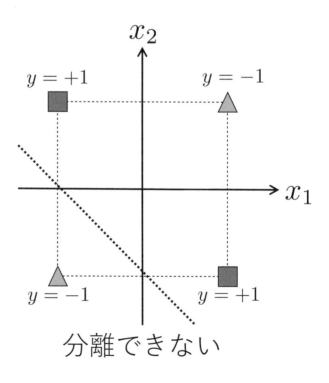

図 **10.1**　排他的論理和

　パーセプトロンを図 10.2 に示すように多層化すると表 10.2 のように排他的論理和の入出力関係が得られる。これは y_1 が x_1 と x_2 と OR 演算を、y_2 が x_1 と x_2 の AND 演算の否定（NAND 演算）し、z は y_1 と y_2 の AND 演算ができるようにすることで x_1 と x_2 の ExOR 演算結果が z で得られる。図 10.2 は式 (10.1) で表すことができる。

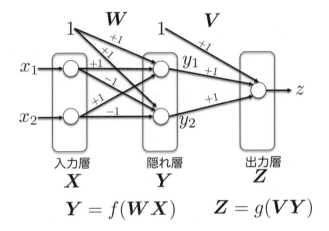

$$Y = f(WX) \qquad Z = g(VY)$$

図 **10.2**　多層パーセプトロンによる排他的論理和

表 **10.2**　多層パーセプトロンによる排他的論理和

x_1	x_2	$y_1 = x_1 + x_2$	$y_1 = \overline{x_1 \cdot x_2}$	$z = y_1 \cdot y_2$
-1	-1	-1	$+1$	-1
$+1$	-1	$+1$	$+1$	$+1$
-1	$+1$	$+1$	$+1$	$+1$
$+1$	$+1$	$+1$	-1	-1

$$\begin{aligned} Y &= f(WX) \\ z &= g(VY) \end{aligned} \qquad (10.1)$$

このようにパーセプトロンは中間層を創出し、多層化することで線形分離不可能なデータも判別することが可能となる。このような多層化したパーセプトロンを**多層パーセプトロン** (multi-layer perceptron: MLP) という。

　前章で説明した「パーセプトロンの収束定理」はパーセプトロンの出力と所望出力との差を基にパラメータを更新する方法であったが、これはこの例でいうと Y と z との間のパラメータ V を決定する方法である。X と Y との間のパラメータ W は、z に対する Y の適切な値、すなわちこれらの所望出力が不明であるためパラメータ W を決定することができない。このため、多層パーセプトロンでは中間層のパーセプトロン数を無限個に

し、入力と中間層との間のパラメータを無限個用意することで解決が図られた。無限個のパーセプトロンがあれば、その中には所望の出力 z に適した中間層出力が必ず存在し、どのような入力に対しても所望の出力が得られる。しかしながら、これは有限個のパーセプトロン数では表現できない出力がある可能性があるということを意味する。このため有限個の中間層で適切なパラメータを求める必要がある。

10.2 誤差逆伝播法

有限個の中間層で適切なパラメータを求めるための方法として提案されたのが**誤差逆伝播法** (Error Back Propagation) である。パーセプトロンの出力関数を微分可能な単調増加関数に置き換え、出力と所望の出力である教師信号との誤差でパラメータを調整する。本書では出力関数を微分可能な単調増加関数に置き換えたパーセプトロンを多層に結合させたネットワークを以降、**多層ニューラルネットワーク** (multi-layer neural networks) とよぶ。

▶[多層ニューラルネットワーク]
ここでは出力関数に2値ステップ関数を用いているの場合を「パーセプトロン」、微分可能な連続関数を出力に用いている場合を「多層ニューラルネットワーク」と呼び分けている。「多層ニューラルネットワーク」は「順伝播型ニューラルネットワーク」(feed-forward neural networks)、「多層パーセプトロン」(multilayer perceptron) と呼ばれる場合もある。

多層ニューラルネットワークの I 次元の入力層入力を $\boldsymbol{X} = (1, x_1, x_2, \cdots, x_I)^{\mathsf{T}}$、$J$ 次元の中間層の入力を $\boldsymbol{Y} = (1, y_1, y_2, \cdots, y_J)^{\mathsf{T}}$、$K$ 次元の出力層出力を $\boldsymbol{Z} = (z_1, z_2, \cdots, z_K)^{\mathsf{T}}$ とする。ここで $\boldsymbol{X}$ および $\boldsymbol{Y}$ の最初の要素 1 はバイアス値を入力するためである。

$$\boldsymbol{Y} = f(\boldsymbol{WX}) \tag{10.2}$$

$$\boldsymbol{Z} = g(\boldsymbol{VY}) \tag{10.3}$$

ここで

$$\boldsymbol{W} = \begin{pmatrix} w_{10} & w_{11} & \cdots & w_{1I} \\ w_{20} & w_{21} & \cdots & w_{2I} \\ \vdots & \vdots & \ddots & \vdots \\ w_{J0} & w_{J1} & \cdots & w_{JI} \end{pmatrix} \in \mathbb{R}^{J \times (I+1)} \tag{10.4}$$

$$\boldsymbol{V} = \begin{pmatrix} v_{10} & v_{11} & \cdots & v_{1J} \\ v_{20} & v_{21} & \cdots & v_{2J} \\ \vdots & \vdots & \ddots & \vdots \\ v_{K0} & v_{K1} & \cdots & v_{KJ} \end{pmatrix} \in \mathbb{R}^{K \times (J+1)} \tag{10.5}$$

とする。

入力 $\boldsymbol{X}$ に対する出力を $\boldsymbol{Z}$、またその所望出力を $\boldsymbol{t}$ とすると、出力と所望出力との平均二乗誤差和 $E(\boldsymbol{W}, \boldsymbol{V})$ は式 (10.6) で定義できる。

$$E(\boldsymbol{W}, \boldsymbol{V}) = \frac{1}{2K} (\boldsymbol{Z} - \boldsymbol{t})^{\mathsf{T}} (\boldsymbol{Z} - \boldsymbol{t}) \tag{10.6}$$

式 (10.6) の $E(\boldsymbol{W}, \boldsymbol{V})$ の最小値を与えるパラメータ $\boldsymbol{W}$、$\boldsymbol{V}$ を勾配法で求める。$E(\boldsymbol{W}, \boldsymbol{V})$ を $\boldsymbol{W}$ および $\boldsymbol{V}$ で偏微分し、その値でパラメータ $\boldsymbol{W}$、$\boldsymbol{V}$ を式 (10.7)(10.8) で更新すれば良い。

$$\boldsymbol{W} \leftarrow \boldsymbol{W} - \eta \frac{\partial E(\boldsymbol{W}, \boldsymbol{V})}{\partial \boldsymbol{W}} \tag{10.7}$$

$$\boldsymbol{V} \leftarrow \boldsymbol{V} - \eta \frac{\partial E(\boldsymbol{W}, \boldsymbol{V})}{\partial \boldsymbol{V}} \tag{10.8}$$

η は学習係数と呼ばれる。

$E(\boldsymbol{W}, \boldsymbol{V})$ の $\boldsymbol{W}$ および $\boldsymbol{V}$ での偏微分値は

$$y_j = f\left(\sum_{i=0}^{I} w_{ji} x_i\right) \tag{10.9}$$

$$z_k = g\left(\sum_{j=0}^{J} v_{kj} y_j\right) \tag{10.10}$$

であることに注意すると式 (10.11)(10.12) のようになる。

$$\frac{\partial E(\boldsymbol{W}, \boldsymbol{V})}{\partial w_{ji}} = \sum_{k=1}^{K} \frac{\partial E(\boldsymbol{W}, \boldsymbol{V})}{\partial z_k} \cdot \frac{\partial z_k}{\partial y_j} \cdot \frac{\partial y_j}{\partial w_{ji}} \tag{10.11}$$

$$\frac{\partial E(\boldsymbol{W}, \boldsymbol{V})}{\partial v_{kj}} = \sum_{k=1}^{K} \frac{\partial E(\boldsymbol{W}, \boldsymbol{V})}{\partial z_k} \cdot \frac{\partial z_k}{\partial v_{kj}} \tag{10.12}$$

式 (10.11) および式 (10.12) を計算するためには式 (10.2) および式 (10.3) の関数 f および関数 g が微分可能でなければならない。ここではパーセプトロンで用いられた符号化関数に代わり、式 (10.13) に示す微分可能な単調増加関数で値域が -1 から $+1$ の tanh **関数** (Hyperbolic tangent function：**双曲線正接関数**) を関数 f および関数 g に用いる。

$$f(x) = g(x) = \frac{e^x - e^{-x}}{e^x + e^{-x}} \tag{10.13}$$

式 (10.13) の tanh 関数の微分は以下のようになる。

$$\frac{\mathrm{d}}{\mathrm{d}x} f(x) = (1 - f(x))(1 + f(x)) \tag{10.14}$$

よって関数 f および関数 g に tanh 関数を用いた場合、式 (10.11)、式 (10.12) はそれぞれ式 (10.15)、式 (10.16) のようになる。

$$\frac{\partial E(\boldsymbol{W}, \boldsymbol{V})}{\partial w_{ji}} = x_i (1 - y_j)(1 + y_j) \sum_{k=1}^{K} ((z_k - t_k)(1 - z_k)(1 + z_k) v_{kj}) \tag{10.15}$$

$$\frac{\partial E(\boldsymbol{W}, \boldsymbol{V})}{\partial v_{kj}} = (z_k - t_k)(1 - z_k)(1 + z_k) y_j \tag{10.16}$$

▶[誤差逆伝播法]
D. E. Rumelhart, G. E. Hinton, R. J. Williams, "Learning representations by back-propagating errors". Nature 323 (6088) pp. 533-536, 1986.
三層のニューラルネットワークに対する確率的勾配降下法は上記の論文以前に下記で提案されている。
S. Amari, "Theory of adaptive pattern classifiers," IEEE Transactions EC-1, pp. 299-307, 1967.

$(z_k - t_k)$ は出力 z_k と所望出力 t_k との誤差を表す。式 (10.15)、式 (10.16) はこの誤差を用いてパラメータ $\boldsymbol{W}$ および $\boldsymbol{V}$ を更新する。出力の誤差を入力方向に逆伝播しパラメータを更新するため、この方法を**誤差逆伝搬法** (Error back-propagation) という。

式 (10.6) の誤差に基づき、式 (10.7)、式 (10.8) でパラメータを更新するが、複数の入力に対する更新量の決定には以下のような方法がある。

- 全ての入力に対する誤差を求めてから更新（**バッチ処理**）
- 確率的に選択した入力に対する誤差で更新（**オンライン処理**）
- いくつかのまとまりに分けた入力に対する誤差で更新（**ミニバッチ処理**）

オンライン処理、ミニバッチ処理ではどの入力を使用するかを確率的に選択するため**確率的勾配降下法** (stochastic gradient descent) と呼ばれ、多層ニューラルネットワークの学習では一般的に用いられる。

式 (10.7)、式 (10.8) では誤差関数 $E(\boldsymbol{W}, \boldsymbol{V})$ の微分値に基づき、パラメータ $\boldsymbol{W}$、$\boldsymbol{V}$ を更新する。この方法では微分値の大きに対する学習係数 η の大きさのバランスの決定が難しい。学習係数 η が大きいと更新量が大きくなりすぎ、更新が振動し収束しない恐れがある。一方、学習係数 η が小さいと特に収束値付近では微分値が小さいため、更新量が非常に小さくなり収束までの時間が非常に長くなる、もしくは更新が行われなくなるなどの問題が発生する。このような問題を解決するため微分値の更新の移動平均を使用する **Momentum 法**、微分値の二乗和を保持して更新量が大きかった場合に学習係数 η を適応的に小さくする **AdaGrad 法**、この方法の計算量を下げた **RMSProp 法**、 Momentum 法と AdaGrad 法を組合せた **Adam 法**などのパラメータ更新法も提案されている。

10.3　多層ニューラルネットワークの実装

多層ニューラルネットワークを実装する。ここでは非線形分離不可能な判別問題の例として ExOR を学習する多層ニューラルネットワークを図 10.2 の構造で実装し、その結合荷重パラメータ $\boldsymbol{W}$ および $\boldsymbol{V}$ を学習する。実装プログラム例を下記 Program 10.1 に示す。

Program 10.1

```python
import numpy as np
import matplotlib.pyplot as plt

# tanh 関数の定義
def Tanh( x ):
    x = x * 10.0
    return ( np.exp( -x ) - np.exp( +x ) ) / ( np.exp( -x ) + np.exp( +x ) )

# 学習用入力データ X および 教師信号
X = np.array([[1.0, -1.0, -1.0], [1.0, -1.0, 1.0], [1.0, 1.0, -1.0], [1.0, 1.0,
    1.0]]).T
t = np.array([-1.0, 1.0, 1.0, -1.0])

# 結合荷重初期値
W = np.array([[1.0, 0.0, 0.0], [1.0, -0.7, -0.3], [1.0, 0.4, 0.6]])
V = np.array([[1.0, 0.8, 0.4]])

# 学習係数
eta = 0.1
for loop in range( 1000 ): # 学習回数 1000
    # MLP 順伝搬
    Y = Sigmoid( np.dot( W, X ) )
    Y = [1,1,1,1] #bias
    Z = Tanh( np.dot( V, Y ) )

    # MLP 逆伝搬　勾配計算および結合荷重の更新
    dV = (Z - t*0.99)*(1+Z)*(1-Z)*Y
    dW = np.dot( (Z - t*0.99)*Z*V.T*(1+Y)*(1-Y), X.T )
    V = V - eta * dV.sum( axis=1 )
    W = W - eta * dW

print('Z=', Z )
print('W=\n', W )
print('V=\n', V )
```

Program 10.1 の実行結果例は次のようになる。

```
Z= [[-0.99972009  0.99960131  0.99960078 -1.          ]]
W=
 [[ 1.          0.          0.         ]
  [ 0.91129032 -0.78870968 -0.3885278 ]
  [ 0.92325457  0.4767441   0.67674543]]
```

```
V=
  [[0.90659873 0.89340138 0.43921448]]
```

Z は 4 種の入力に対する出力を、また W、V はそれぞれ結合荷重パラメータ **W** および **V** の学習結果を示す。この結果では入力に対して出力は ExOR の結果となっていることを確認できる。

　Program 10.1 は定義式に従い多層ニューラルネットワークのプログラムを実装したが、機械学習モジュール scikit-learn でも実装できる。scikit-learn による実装例を Program 10.2 に示す。

```
import sklearn.neural-network
```

と記述することで scikit-learn のニューラルネットワークツールが使用可能となる。

Program 10.2

```
1  # -*- coding: utf-8 -*-
2  import numpy as np
3  import matplotlib.pyplot as plt
4  import sklearn.neural_network # # scikit-learn NN ツールの利用
5  import mlxtend.plotting # mlxtend 描画ツールの利用
6
7  X = np.array([[-1.0, -1.0], [-1.0, 1.0], [1.0, -1.0], [1.0, 1.0]])
8  t = np.array([-1, 1, 1, -1])
9
10 model = sklearn.neural_network.MLPClassifier(
11         activation='tanh',        # tanh 関数
12         solver='lbfgs',           # Limited memory BFGS 法 で重み更新
13         hidden_layer_sizes=(3,), # 隠れ層 ニューロン数 3
14         max_iter = 100,           # 学習の最大反復回数 100
15 )
16 model.fit( X, t )
17 mlxtend.plotting.plot_decision_regions( X, t, model )
18 plt.show()
```

▶[MLPClassifier]
　scikit-learn ニューラルネットワークツールでは多層ニューラルネットワークによる分類器に MLPClassifier という名前がついている。ここで MLP は Multi-Layer Perceptron の意味である。しかしながら活性化関数に tanh 関数やシグモイド関数などが使用できるため、本書ではこれを「多層ニューラルネットワーク」とよんでいる。

scikit-learn ニューラルネットワークツールでは

```
model = sklearn.neural\_network.MLPClassifier(  引数  )
```

で使用するニューラルネットワークを設定できる。

　activation は活性化関数の設定であり、表 10.3 の中から選択できる。

　solver は学習時の用いる最適化手法の設定であり、表 10.4 の中から選択できる。hidden_layer_size で中間層のニューロン数を設定できる。例

表 10.3　`scikit-learn` NN ツールで使用可能な活性化関数 (`activation`)

`'identity'`	線形	$f(x) = x$
`'logistic'`	シグモイド関数	$f(x) = \frac{1}{1+\exp(-x)}$
`'tanh'`	tanh 関数	$f(x) = \frac{\exp(-x)-\exp(x)}{\exp(-x)+\exp(x)}$
`'relu`	ReLU 関数	$f(x) = \max(0, x)$

表 10.4　`scikit-learn` NN ツールで使用可能な最適化手法 (`solver`)

`lbfgs'`	Limited memory BFGS （準ニュートン法）
`'sgd'`	確率的勾配降下法
`'adam'`	Adaptive Moment Estimation （Adam 法）

えば `hidden_layer_size = (3, )` とすると中間層ニューロン数は 3 となる。`max_iter` で学習時の最大反復回数を設定できる。これらのパラメータを設定し、

```
model.fit( 入力データ , 教師データ )
```

と記述すると「入力データ」に対して出力が「教師データ」となるように学習が行われる。

　Program 10.2 では実行結果を可視化するために機械学習拡張モジュールである `mlxtend` モジュール (machine learning extensions) を用いている。`mlxtend` は

▶[mlxtend]
　MLxend (Machine Learning Extensions): 機械学習拡張機能モジュール
http://joss.theoj.org/ papers/10.21105/joss. 00638
インストールは pip でできる。
>pip install mlxtend

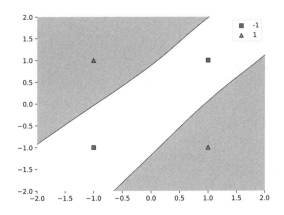

図 10.3　`scikit-learn` の多層パーセプトロンによる排他的論理和実行例（中間層 3）

```
import mlxtend.plotting
```

と記述することで 機械学習結果の描画ツールの利用が利用できる。

```
plot_decision_regions( 入力データ, 教師データ, model )
```

と記述すると「入力データ」を 分類器 model で分類した際の決定境界および教師データを描画する。

　2入力1出力で中間層に3個のニューロンを用いた scikit-learn による多層ニューラルネットワークの Program 10.2 の実行例を図 10.3 に示す。図 10.3 の結果はこの多層ニューラルネットワークが排他的論理和を実現できていることを示す。ただし、多層ニューラルネットワークの学習は結合荷重の初期値に依存するため学習に失敗する場合もあることに注意する。

[10章のまとめ]

　この章では,

1. 多層パーセプトン
2. 多層ニューラルネットワーク
3. 誤差逆伝播法

について学び、これを Python で実装しました。

10 章　演習問題

[演習 10.1]　Program 10.3 で生成される [data, label] の 200 組データセットを多層ニューラルネットワーク（MLP）を用いて label 値でクラス分け判別し、中間層のニューロン数と判別結果について考察せよ。なお、下記の Program 10.3 は scikit-learn のニューラルネットワークツールを使用した場合のプログラムである。

Program 10.3

```
1  # -*- coding: utf-8 -*-
2  import numpy as np
3  import matplotlib.pyplot as plt
4  import sklearn.neural_network
5  import sklearn.datasets
6  import mlxtend.plotting
7
8  np.random.seed( 1 )
9  data, label=sklearn.datasets.make_moons(n_samples=200, shuffle=True, noise=0.15,
       random_state=1 )
10 A = np.array([[10.0*np.cos(np.pi/3), np.sin(np.pi/3)],[-10.0*np.sin(np.pi/3), p.cos(np.
       pi/3)]])
11 data = np.dot( data, A ) + [10.0, -5.0]
12 label = np.array([ -1 if k==0 else 1 for k in label ])
13
14 model = sklearn.neural_network.MLPClassifier(
15     activation='tanh',          # tanh 関数
16     solver='lbfgs',             # Limited memory BFGS 法 で重み更新
17     hidden_layer_sizes=(3,),    # 中間層 ニューロン数 3(これを変化させる)
18     max_iter = 1000,            # 学習の最大反復回数 1000
19 )
20
21 model.fit( data, label )
22 mlxtend.plotting.plot_decision_regions( data, label, model )
23 plt.show()
```

[**解 10.1**]　中間層のニューロン数を変化させた場合の判別結果例を図 10.4 に示す。なお、図 10.4 の結果はあくまで
も一例であり、実行ごとに結果が異なることに注意する。図 10.4 の結果では中間層ニューロン数が増えるに従って、
与えられたデータの判別精度は向上する。しかしながら図 10.4(c) の結果は判別精度は向上しているものの、汎化性
能が向上しているとはいえないことに注意する。また、この結果は学習に `lbfgs` を用いているが `adam` など他の最
適化手法を用いると結果が変化することにも注意が必要である。

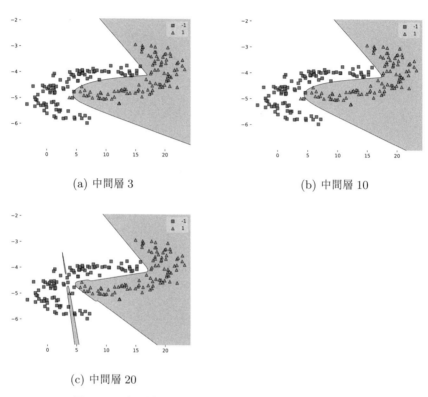

(a) 中間層 3   (b) 中間層 10

(c) 中間層 20

図 **10.4**　中間層のニューロン数を変化させた際の判別結果

11章　深層学習

[ねらい]

　パーセプトロンを多層にした多層パーセプトロンは線形分離不可能なデータも判別できた。しかしパーセプトロンでは多層部分の結合荷重パラメータの学習が容易ではなかった。パーセプトロンの符号化関数を微分可能な活性化関数に置き換えたものが多層ニューラルネットワークであり、中間層の結合荷重パラメータは誤差逆伝播法により学習が可能となった。中間層の数を増加させることにより複雑な入出力関係を表現できることが数値実験的にわかっている。しかしながら、層の増加に伴い、勾配消失とよばれる現象に起因してパラメータの学習が困難になる。このような勾配消失を克服し、より効果的に多くの中間層を含む多層ニューラルネットワークのパラメータを学習できるようにしたアルゴリズムを深層学習という。

[この章の項目]

多層ニューラルネットワーク

勾配消失

ReLU 関数

深層学習

11.1　勾配消失

　多層パーセプトロンは中間層が導入されたことでパーセプトロンでは判別不能であった線形分離不可能なデータであっても判別することができる。しかしながら、多層パーセプトロンでは中間層の結合荷重パラメータの学習が困難であった。これを解決するために多層パーセプトロンの出力関数である符号化関数を微分可能な活性化関数に変更したものが多層ニューラルネットワークである。多層ニューラルネットワークでは中間層の結合荷重パラメータも誤差逆伝播法によって学習が可能となった。

　中間層に含まれる層の数を増やすことでより複雑な入出力関係が表現できることも数値実験的にわかっている。一方、中間層が一層のみの場合でも中間層のニューロン数を増加させると判別境界がより複雑に表現できる。ある層に含まれるニューロン数を増加させることは活性化関数の和によって入出力関係の表現力を向上させ、層の数を増加させることは活性化関数の積によって入出力関係の表現力を向上させているといえる。すなわちある層のニューロン数を増加させることに比べ、層数を増加させることは入出力関係の表現力を指数関数的に向上させることができることを意味する。このため、効率よく優れた入出力関係を獲得するためには中間層に含まれる層数を増加させることが重要となる。しかしながら単純に層数を増やした場合、様々な問題が発生する。そのうちの最大の問題が「**勾配消失問題**」(vanishing gradient problem) と呼ばれる現象である。

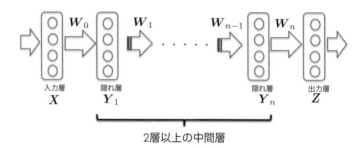

図 11.1　中間層が 2 層以上の多層ニューラルネットワーク

　中間層が 2 層以上の多層ニューラルネットワークを図 11.1 に示す。図 11.1 を式で示すと式 (11.1) のようになる。

$$Z = g\left(\boldsymbol{W}_n f_n\left(\cdots \boldsymbol{W}_2 f_2\left(\boldsymbol{W}_1 f_1\left(\boldsymbol{W}_0 \boldsymbol{X}\right)\right)\right)\right)$$
$$\boldsymbol{y}_{k+1} = f_k\left(\boldsymbol{W}_k \boldsymbol{y}_k\right) \tag{11.1}$$

ニューラルネットワークでは前章で紹介した誤差逆伝播法によって結合荷重パラメータの学習が行われる。誤差逆伝播法では出力と教師信号との二

乗誤差 $E(\boldsymbol{W})$ を結合荷重パラメータ $\boldsymbol{W}_k$ で偏微分した値を用いて式 (11.2) のように勾配法でパラメータの学習が行われる。

$$\boldsymbol{W}_k \leftarrow \boldsymbol{W}_k - \eta \frac{\partial E(\boldsymbol{W})}{\partial \boldsymbol{W}_k} \tag{11.2}$$

各層での微分値は式 (11.3) のようになる。

$$\frac{\partial E(\boldsymbol{W})}{\partial \boldsymbol{W}_n} = \frac{\partial E(\boldsymbol{W})}{\partial \boldsymbol{z}} \cdot \frac{\partial \boldsymbol{z}}{\partial \boldsymbol{W}_n}$$

$$\frac{\partial E(\boldsymbol{W})}{\partial \boldsymbol{W}_{n-1}} = \frac{\partial E(\boldsymbol{W})}{\partial \boldsymbol{z}} \cdot \frac{\partial \boldsymbol{z}}{\partial \boldsymbol{y}_n} \cdot \frac{\partial \boldsymbol{y}_n}{\partial \boldsymbol{W}_{n-1}}$$

$$\vdots$$

$$\frac{\partial E(\boldsymbol{W})}{\partial \boldsymbol{W}_k} = \frac{\partial E(\boldsymbol{W})}{\partial \boldsymbol{z}} \cdot \frac{\partial \boldsymbol{z}}{\partial \boldsymbol{y}_n} \cdot \frac{\partial \boldsymbol{y}_n}{\partial \boldsymbol{y}_{n-1}} \cdots \frac{\partial \boldsymbol{y}_{k+1}}{\partial \boldsymbol{W}_k} \tag{11.3}$$

$$\vdots$$

$$\frac{\partial E(\boldsymbol{W})}{\partial \boldsymbol{W}_0} = \frac{\partial E(\boldsymbol{W})}{\partial \boldsymbol{z}} \cdot \frac{\partial \boldsymbol{z}}{\partial \boldsymbol{y}_n} \cdot \frac{\partial \boldsymbol{y}_n}{\partial \boldsymbol{y}_{n-1}} \cdots \frac{\partial \boldsymbol{y}_1}{\partial \boldsymbol{W}_0}$$

式 (11.3) の各式の右辺の値は活性化関数の微分値が使用される。層数が多くなることに伴い、この微分値を層数分乗じることとなる。活性化関数 $f(x)$ が tanh 関数である場合、その微分値は式 (11.4) で与えられる。

$$\frac{\mathrm{d}}{\mathrm{d}x}f(x) = (1 - f(x))(1 + f(x)) \tag{11.4}$$

$f(x)$ の値域が $-1 \leq f(x) \leq +1$ であることに注意すると、その微分値 $\mathrm{d}f(x)/\mathrm{d}x$ の値域は $0 \leq \mathrm{d}f(x)/\mathrm{d}x \leq 1$ である。

　活性化関数 $f(x)$ が**シグモイド関数（ロジスティック関数）**である場合、その微分値は式 (11.5) で与えられる。

$$\frac{\mathrm{d}}{\mathrm{d}x}f(x) = f(x)(1 - f(x)) \tag{11.5}$$

$f(x)$ の値域が $0 \leq f(x) \leq +1$ であることに注意すると、その微分値 $\mathrm{d}f(x)/\mathrm{d}x$ の値域は $0 \leq \mathrm{d}f(x)/\mathrm{d}x \leq 1/4$ である。

　活性化関数にこれら tanh 関数やシグモイド関数を用いた場合、微分値がいずれも正の値ではあるが 1 以下である。特にシグモイド関数では最大値が 1/4 である。このため式 (11.3) のように活性化関数の微分値をかけ合わせると式 (11.3) の微分値、すなわち勾配が非常に小さくなってしまう。数学的には勾配値が存在しても計算機上での値が微小過ぎて 0 として扱われる、

▶[tanh 関数]

$$lf(x) = \frac{\exp(-x) - \exp(+x)}{\exp(-x) + \exp(+x)}$$
$$-1 \leq f(x) \leq +1$$

▶[シグモイド関数（ロジスティック関数）]

$$lf(x) = \frac{1}{1 + \exp(-x)}$$
$$0 \leq f(x) \leq +1$$

0 でない微小値が存在してもパラメータの更新量が極めて小さくなるため学習が進まないといった問題が発生する。このようにパラメータの更新量が極めて小さくなることを「**勾配消失**」(gradient vanishing, degradation)、「**勾配消失問題**」(vanishing gradient problem) という。

11.2　ReLU 関数

活性化関数に起因する「勾配消失問題」の解決のために 式 (11.6) に示す**ReLU 関数** (Rectified Linear Unit 関数) が提案された。

▶[ReLU 関数 (ランプ関数)]
Jarrett et. al. 2009.
Nair and Hinton, 2010.
Gloror et.al. 2011.

$f(x) = \max(x, 0)$

$0 \le f(x)$

$$f(x) = \max(x, 0) \tag{11.6}$$

ReLU 関数の微分は次のようになる

$$\frac{\mathrm{d}}{\mathrm{d}x} f(x) = \begin{cases} 1 & \text{for } x \ge 9 \\ 0 & \text{otherwise} \end{cases} \tag{11.7}$$

式 (11.7) の通り、式 (11.6) の ReLU 関数の微分値は 1 もしくは 0 である。このように ReLU 関数では正の定義域では微分値が常に 1 であるため、正の定義域では勾配消失問題は発生しない。また微分値が 1 か 0 の 2 値のみであるため勾配の計算が非常に簡単になる。

ReLU 関数で関数の近似ができる。例えば

▶[Leaky ReLU 関数]
A. L. Maas, et.al. 2013.

$f(x) = \max(x, ax)$

$0 < a < 1$

$a = 0.01$ がよく用いられる。

$$y = x^2 \tag{11.8}$$

を式 (11.6) の ReLU 関数 $f(x)$ を用いて $x = \pm 3$, $x = \pm 2$, $x = \pm 1$, $x = 0$ の 7 点で近似すると

$$g(x) = 2f(-x-2) + 2f(-x-1) + f(-x) + f(x) + 2f(x-1) + f(x-2) \tag{11.9}$$

▶[ELU 関数]
C. Djork-Arné, 2015.

$f(x) = \max(x, a(e^x - 1))$

$0 < a < 1$

と近似できる。式 (11.9) を図示すると図 11.2 のようになる。このように ReLU 関数は関数を折れ線近似することができ、素子数を増やすことで近似精度が上がる。

ReLU 関数は負の領域では値が 0 である。このため負の領域でも値があるように ReLU 関数を修正した関数がいくつか提案されている。式 (11.10) は **Leaky ReLU 関数** とよばれる。

▶[ReLU 関数の最適性]
Y. LeCun, Y. Bengio, G. Hinton, 2015.
活性化関数としては 2015 年現在、ReLU 関数が最も良い選択であるとされている

$$f(x) = \begin{cases} x & \text{if } x > 0 \\ ax & \text{otherwise} \end{cases} \tag{11.10}$$

式 (11.11) は**指数関数的線形ユニット** (Exponential linear unit; **ELU**) とよばれる。

$$f(x) = \begin{cases} x & \text{if } x > 0 \\ a(e^x - 1) & \text{otherwise} \end{cases} \tag{11.11}$$

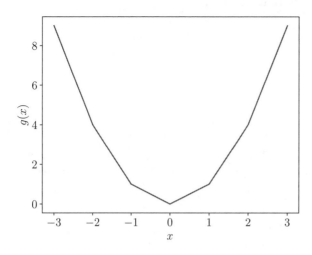

図 **11.2**　ReLU 関数による $y = x^2$ の近似結果 $g(x)$

この他にも様々な修正された ReLU 関数が提案されているが、その性能差はそれほど大きいものでは無いことが指摘されている。

11.3　scikit-learn による多層ニューラルネットワークの実装

　多層のニューラルネットワークの能力を実験で確かめるため、scikit-learn を用いて多層ニューラルネットワークを実装する。scikit-learn ニューラルネットワークツールでは

```
model = sklearn.neural_network.MLPClassifier(　引数　)
```

で使用するニューラルネットワークを設定できるが、上記の「引数」 hidden_layer_size を以下のように設定することで多層ニューラルネットワークが実現できる。

　　　隠れ層 1 層 100 ニューロン：
　　　　 hidden_layer_size=(100,)
　　　隠れ層 2 層 50 ニューロン ×50 ニューロン：
　　　　 hidden_layer_size=(50, 50,)
　　　隠れ層 3 層 40 ニューロン ×20 ニューロン ×40 ニューロン：
　　　　 hidden_layer_size=(40, 20, 40,)

　以上を踏まえた、多層ニューラルネットワークによるデータの二値分類プログラムを Program 11.1 に示す。Program 11.1 は scikit-learn のニューラルネットワークツールで 2 次元データの二値分類する多層ニューラルネットワークを実装し、mlxtend 描画ツールで分類結果を描画するプログラムである。

Program 11.1

```python
# -*- coding: utf-8 -*-
import numpy as np
import matplotlib.pyplot as plt
import sklearn.neural_network
import sklearn.datasets
import mlxtend.plotting

np.random.seed( 1 )
data, label=sklearn.datasets.make_moons(n_samples=200, shuffle=True, noise=0.15,
    random_state=1 )

model = sklearn.neural_network.MLPClassifier(
        activation='relu',              # ReLU 関数
        solver='lbfgs',                 # Limited memory BFGS法 で重み更新
        # 隠れ層数3 各層ニューロン数 8, 8, 8
        hidden_layer_sizes=(8, 8, 8, ),
        max_iter = 1000,                # 学習の最大反復回数 1000
)

model.fit( data, label )
mlxtend.plotting.plot_decision_regions( data, label, model )
plt.show()
```

Program 11.1 で中間層数を変化させた際の実行結果を図 11.3 に示す。図 11.3 の結果は総ニューロン数は 24 で統一している。しかしながら層数が異なると分類結果が異なる。一般的に各層内のニューロン数および層数でニューラルネットワークの入出力の表現力は向上するが、与えられた入力に対してどのような構造が最も最適であるかは一概に決めることができない。このため、構造を決めるための試行錯誤が必要である。Program 11.1 では NumPy の乱数生成器の初期値を np.random.seed(1) として毎回同じになるようすることで同じ結果が得られるようにしているが、ニューラルネットワークは結合荷重パラメータの初期値によって結果が変化する。またパラメータの最適化を行うアルゴリズム (Program 11.1 では lbfgs)、活性化関数にどのような関数 (Program 11.1 では relu) を用いるかによって結果が異なる。ニューラルネットワークは学習によって結合荷重パラメータを決定するが、これら学習のためにはニューラルネットワークの構造 (ニューロン数、中間層数)、最適化アルゴリズム、活性化関数の種類によって学習結果が異なる。これらは結合荷重パラメータの学習を行う際のパラメータであるため「ハイパーパラメータ」(hyper parameter) という。「ハイパー

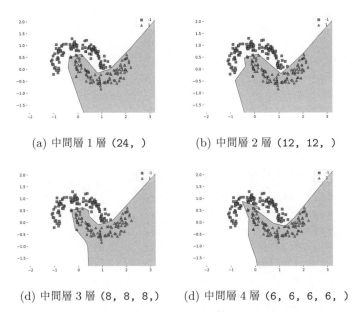

(a) 中間層 1 層 (24,)　　　　(b) 中間層 2 層 (12, 12,)

(d) 中間層 3 層 (8, 8, 8,)　　　(d) 中間層 4 層 (6, 6, 6, 6,)

図 **11.3**　Program 11.1 で中間層数を変化させた際の実行結果

パラメータ」を決めることはニューラルネットワークのみならず機械学習
では非常に重要であるが、ニューラルネットワークでは特に重要である。

［11章のまとめ］

　この章では,

1. 多層ニューラルネットワーク
2. 勾配消失
3. ReLU 関数
4. 深層学習

について学び、多層ニューラルネットワークを scikit-learn で実装
しました。

11 章　演習問題

[演習 11.1]　scikit-learn では 8×8 ピクセル、各ピクセルの明暗値が 0 から 16 の 17 段階で表現された 0 から 9 の 10 種類の手書き文字がそれぞれの画像に対してラベルが与えられているデータセットが利用可能である。このデータセットには全部で 1779 個の文字データが含まれている。このデータセットの前半 1600 個 を多層ニューラルネットワークで学習し、残り 179 個 をテストデータとしてニューラルネットワークの性能を評価せよ。ネットワークの性能評価には**混同行列** (confusion Matrix) を用いて評価せよ

　　Program 11.2 で図 11.4 のようにデータセットに含まれる文字を先頭から 400 個表示できる。またデータセットは digits で参照できる。digit に含まれるデータ（属性）は以下の通りである。

digits['images']	8×8 のグレイスケール画像（8×8）
digits['data']	上記の画像を 1 次元化したデータ（64 次元） これらの画像データは 0 から 16 の 17 段階
digits['target']	各データのラベル（0 から 9 のいずれか）

図 11.5 に digit[59] の画像と各ピクセル値に対応した 0 から 16 の 17 段階の数値を示す。

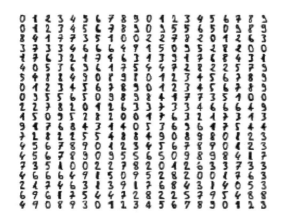

図 **11.4**　scikit-learn に含まれる手書き数字文字データ例

Program 11.2

```
 1  import sklearn.datasets # scikit-learn の datasets の利用
 2
 3  digits = sklearn.datasets.load_digits() # 手書き数字文字
 4
 5  # 手書き文字の表示
 6  for k in range(400):
 7      plt.subplot( 20, 20, i+1 )
 8      plt.imshow( digits['images'][k], cmap='gray_r', interpolation='None' )
 9      plt.axis('off')
10  plt.show()
11
12  data_train  = digits['data'][:1600]
```

```
13  data_test    = digits['data'][1600:]
14  label_train  = digits['target'][:1600]
15  label_test   = digits['target'][1600:]
```

```
[ 0.  1. 10. 15. 11.  1.  0.  0.
  0.  3.  8.  8. 11. 12.  0.  0.
  0.  0.  0.  5. 14. 15.  1.  0.
  0.  0.  0. 11. 15.  2.  0.  0.
  0.  0.  0.  4. 15.  2.  0.  0.
  0.  0.  0.  0. 12. 10.  0.  0.
  0.  0.  3.  4. 10. 16.  1.  0.
  0.  0. 13. 16. 15. 10.  0.  0.]
```

図 11.5　digit[59] の画像と各ピクセル値

data_train および label_train には学習用に digit の最初から 1600 個の画像データとそのラベル
が、data_test および label_test には検証用に digit の残り 179 個の画像データとそのラベル格納さ
れる。学習用、検証用のデータに含まれる数字データの分布は表 11.1 の通りである。

表 11.1　学習用、検証用のデータに含まれる数字データの分布

	0	1	2	3	4	5	6	7	8	9
学習用（train）	161	162	159	161	159	163	159	159	157	160
検証用（test）	17	20	18	22	22	19	22	20	17	20

二値分類の場合の混同行列は表 11.2 のような行列である。混同行列の各値から下記の値が計算できる。

表 11.2　混同行列

		予測値	
		Positive	Negative
真値	Positive	True Positive (TP)	False Negative (FN)
	Negative	False Positive (FP)	True Negative (TN)

$$\text{正解率：}\quad \text{Accuracy} = \frac{\text{TP} + \text{TN}}{\text{TP} + \text{TN} + \text{FP} + \text{FN}}$$

$$\text{適合率:}\quad \text{Precision} = \frac{\text{TP}}{\text{TP} + \text{FP}}$$

$$\text{再現率：}\quad \text{Recall} = \frac{\text{TP}}{\text{TP} + \text{FN}}$$

$$\text{F 値：}\quad \text{F-measure} = \frac{1}{\dfrac{1}{\text{適合率}} + \dfrac{1}{\text{再現率}}}$$

　混同行列は scikit-learn のモデルの評価モジュール metrics に含まれる confusion_matrix(真値，予測値) で得られる。

```
import sklearn.metrics # モデルの評価モジュール metrics の利用
print( sklearn.metrics.confusion_matrix( test, pred ) )
```

[**解 11.1**]　Program 11.3 で手書き文字の多層ニューラルネットワークで学習し、その学習結果を検証用データで評価する。Program11.3 は中間層は 4 層、(1024, 512, 256, 128) とし、活性化関数は ReLU 関数、最適化関数は lbfgs を用いている。

Program 11.3

```
# -*- coding: utf-8 -*-
import numpy as np
import matplotlib.pyplot as plt
import sklearn.neural_network
import sklearn.datasets
import sklearn.metrics

digits = sklearn.datasets.load_digits()
data_train  = digits['data'][:1600]
data_test   = digits['data'][1600:]
label_train = digits['target'][:1600]
label_test  = digits['target'][1600:]

model = sklearn.neural_network.MLPClassifier(
    activation='relu',
    solver='lbfgs',
    hidden_layer_sizes=(1024, 512, 256, 128 ),
    max_iter=100,
)
model.fit( data_train, label_train )
label_pred = model.predict( data_test )
print( sklearn.metrics.confusion_matrix( label_test, label_pred ) )

num=0
plt.subplots_adjust( wspace=0.4, hspace=0.6 )
for k in range( len( label_test) ):
    if label_test[k] != label_pred[k]:
        num = num + 1
        if num < 21:
            plt.subplot( 4, 5, num )
            plt.imshow( digits['images'][1600+k], cmap='gray_r', interpolation='None')
            plt.axis('off')
            plt.title('Pred:%d(%d)' % (label_test[k], label_pred[k]) )
plt.show()
```

　Program 11.3 による手書き文字の認識結果例を混同行列で表示したものを図 11.6 に示す。この場合、197 個の検証用データのうち 182 個が正解であり、正解率は 182/197 で約 92.39%であった。誤認識したデータ例を図 11.7 に示す。図 11.7 は誤認識した各データ例であり、各データに示した括弧内の数値が誤認識結果である。この結果では我々人間でも誤認識するような画像を多層ニューラルネットも誤認識していることを推測することができる。

```
Confusion Matrix:
[[17  0  0  0  0  0  0  0  0  0]
 [ 0 20  0  0  0  0  0  0  0  0]
 [ 0  0 18  0  0  0  0  0  0  0]
 [ 0  0  1 13  0  2  0  1  5  0]
 [ 0  0  0  0 19  0  0  0  2  1]
 [ 0  0  0  0  0 19  0  0  0  0]
 [ 0  0  0  0  0  0 22  0  0  0]
 [ 0  0  0  0  0  0  0 20  0  0]
 [ 0  1  0  0  0  0  0  0 16  0]
 [ 0  0  0  0  0  1  0  0  1 18]]
```

Accuracy:
182 / 197
92.39%

図 **11.6** 認識結果の混同行列によるまとめ

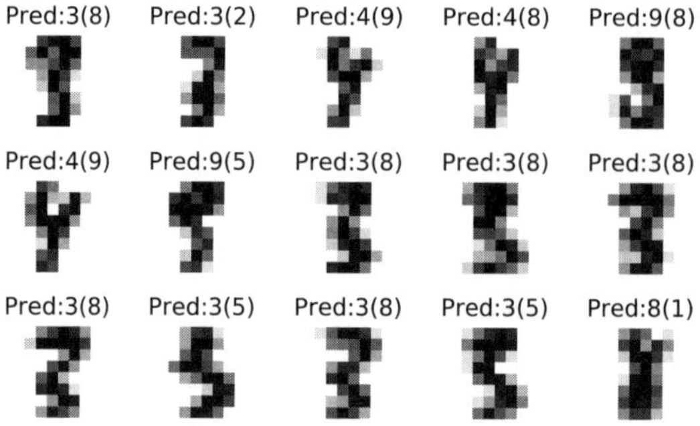

Pred:3(8)　Pred:3(2)　Pred:4(9)　Pred:4(8)　Pred:9(8)

Pred:4(9)　Pred:9(5)　Pred:3(8)　Pred:3(8)　Pred:3(8)

Pred:3(8)　Pred:3(5)　Pred:3(8)　Pred:3(5)　Pred:8(1)

図 **11.7** 多層ニューラルネットワークで謝認識した画像（後ろの数値：正解、括弧内は予測結果）

12章　畳み込みニューラル
ネットワーク

[ねらい]

　生物の視覚野の神経細胞の構造をヒントに画像の狭い領域のみに着目しその中に含まれる特徴量を上手く抽出することを目的に登場したアーキテクチャーが畳み込みニューラルネットワーク (Convolutional Neural Networks, CNN) である。 CNN は非常に簡素な構造でありながら画像からの特徴を強力に抽出することができる。 CNN は特徴抽出ができるだけでなく、多層ニューラルネットワークと比較して非常に少ないパラメータで演算を行うことができる。本章では CNN の基本構造とその演算の仕組みを理解するとともに、実装したプログラムでその性能を確認する。実装は Tensorflow と呼ばれる Google 社開発の Python 用モジュールで行う。

[この章の項目]

畳み込みニューラルネットワーク

畳み込み

プーリング

Softmax 関数

Dropout

one-hot ベクトル

12.1　畳み込みニューラルネットワーク（CNN）

　1983 年に福島邦彦らは D. Hubel と T. Wiesel が提唱した生物の視覚野のモデルを基に「ネオコグニトロン」と呼ばれる階層化、多層化されたニューラルネットワークを提案した。　ネオコグニトロンは入力画像中の局所的な特徴量と画像の微小変位を抽出し、それらを統合することで画像認識を可能としている。これに着想を得て 1998 年に Y. Lecun らが LeNet とよばれる手書き文字を認識することができる多層ニューラルネットワークを提案した。それまでの多層ニューラルネットワークと LeNet が異なる特徴は畳み込み演算を行う点である。このため、畳み込み演算を含んだ多層ニューラルネットワークを**畳み込みニューラルネットワーク** (Convolutional Neural Networks, CNN) という。

　一次元離散畳み込み演算とは式 (12.1) のようにデータ $x(i)$ に対してカーネル $h(m)$ を移動させながら積和演算を行うものである。

$$y(i) = \sum_m h(m)x(i-m) \tag{12.1}$$

画像に適用する際は二次元離散畳み込みを用いる。$h(m,n) \in \boldsymbol{H}$ を $M \times N$ のカーネルを表す行列の (m,n) 要素、$x(i,j) \in \boldsymbol{G}$ を $Width \times Height$ の画像を表す行列の (i,j) とすると二次元畳み込みは式 (12.2) のように記述できる。

$$y(i,j) = \sum_{m=0}^{M-1} \sum_{n=0}^{N-1} h(m,n)x(i-m,j-n) \tag{12.2}$$

例えば、図 12.1 のように $\boldsymbol{X}$ と $\boldsymbol{H}$ の各値が与えられているとする。

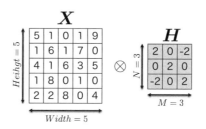

図 **12.1**　入力 $\boldsymbol{X}$ とカーネル $\boldsymbol{H}$

　$\boldsymbol{X}$ の左上 3×3 の領域と $\boldsymbol{H}$ の畳み込み演算結果が $\boldsymbol{Y}$ の左上の 26、$\boldsymbol{X}$ のその下 3×3 の領域と $\boldsymbol{H}$ の畳み込み演算結果が 0 になる。$\boldsymbol{X}$ の領域内で $\boldsymbol{H}$ を移動し畳み込み演算を行うと右端の $\boldsymbol{Y}$ が得られる。

　畳み込み演算で用いられる**カーネル $\boldsymbol{H}$** によって、この $M \times N$ 領域内で様々な特徴が抽出される。

　カーネルによる画像処理は古くから行われ、様々な処理を行うことがで

▶[視覚野のモデル]
　D. H. Hubel, T. N. Wiesel, Journal of Physiology, vol.160, no.1, pp.106-154, 1962

▶[ネオコグニトロン（Neocognitron）]
　K. Fukushima, S. Miyake, T. Ito, T, IEEE Trans. Syst., Man, Cybern. SMC-13 (3): 826834, 1983.

▶[LeNet]
　Y. Lecun, L. Bottou, Y. Bengio, P. Haffiner, Proc. of IEEE, 86, 11, pp. 2278-2324, 1998.

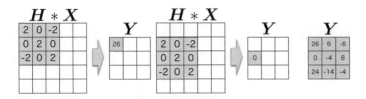

図 12.2　2 次元離散畳み込み演算例

きるカーネルがこれまでに提案されている。例えば、

$$H = \begin{bmatrix} 0 & 1 & 0 \\ 1 & -4 & 1 \\ 0 & 1 & 0 \end{bmatrix} \tag{12.3}$$

というカーネルは**ラプラシアンフィルター**と呼ばれ、輪郭線抽出を行うことができる。他にも雑音除去、縦横線抽出など様々の特徴を抽出することができる。これらの特徴は入力画像が少々ずれていてもほぼ同様の出力が得られるため画像からの特徴抽出が非常に頑強に行えることを意味する。

　CNN ではカーネル H は深層学習によってその値が決定される。一つのカーネルからは一種類の特徴抽出しか行えないため、複数のカーネルを用意しそれぞれで処理を行う。各カーネルによる処理結果を**チャネル**という。図 12.3 のように入力画像がカラーである場合、画像は光の三原色 RGB の 3 チャンネルのデータを有する。チャネルごとに複数のカーネルで畳み込み演算を施し、その結果の和を求めることで図 12.3 の右端のように各カーネルごとの出力が得られる。

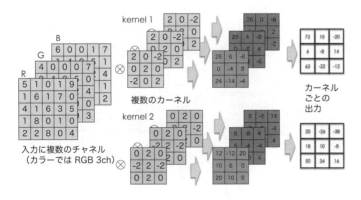

図 12.3　畳み込み演算

　CNN では 1 層あたり（カーネルの大きさ）×（カーネルの種類）の結合荷重パラメータしか必要がないため、層間の完全結合が必要な通常の多層ニューラルネットワークと比較して、非常に少ない量の結合荷重パラメー

タしか必要としないことに注意する。

　畳み込み演算では入力の大きさに対してカーネルの大きさに応じて出力が縮小する。例えば図 12.4 に示すように 8 × 8 の大きさの入力に対して、3 × 3 の大きさのカーネルで畳み込みを行うと出力は 6 × 6 の大きさに縮小する。カーネルが移動する際に、カーネルの移動量を strides という。

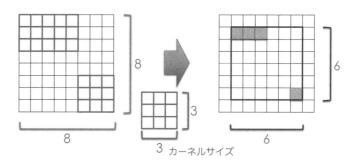

図 **12.4**　padding なしの畳み込み演算

　ここまでは strides=1 の場合を考えたが、移動量を 1 よりも大きくすると更に縮小する。入力と出力のサイズの関係は次式のようになる。

$$出力サイズ = \left\lceil \frac{入力サイズ - カーネルサイズ + 1}{\texttt{strides}} \right\rceil \tag{12.4}$$

　これに対して、入力の周りに 0 のデータがあるとして、出力のサイズを変化させないようにする図 12.5 のような畳み込みが演算がある。この元のデータの周りに挿入した 0 のデータを padding という。padding を使用して畳み込み演算を行なった場合、strides の数値が 1 よりも大きい場合にのみ出力は縮小する。padding を使用した場合の入力と出力のサイズの関係は次式のようになり、カーネルの大きさは影響しない。

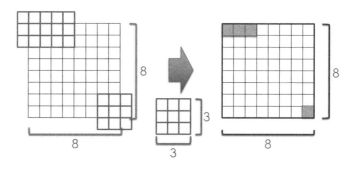

図 **12.5**　padding ありの畳み込み演算

$$出力サイズ = \left\lceil \frac{入力サイズ}{\texttt{strides}} \right\rceil \tag{12.5}$$

図 12.5 に示すように 8×8 の大きさの入力に対して、3×3 の大きさのカーネルで畳み込みを行なっても padding があるため出力は 8×8 で変化しない。

　上記では畳み込み演算による出力の縮小が strides と padding によって制御されることを説明したが、CNN では出力を縮小する処理としてプーリング（pooling）とよばれる処理もある。プーリングは指定した領域内のデータを一つの代表値にするもので、領域内の最大値を取り出す **MAX プーリング**、平均値を取り出す **平均値プーリング** などがある。

　図 12.6 に MAX プーリング処理の模式図を示す。

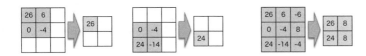

図 12.6　MAX プーリング

　プーリングは指定された領域内の値を代表値にする処理である。これは例えば画像の入力が 1 画素分程度ずれていたとしても結果はほぼ同様になる。このため、畳み込み演算同様にプーリング演算も入力のずれに対して出力を変化させない頑強性が存在する。このような特徴で入力から特徴量を抽出するのが CNN であるといえる。

　CNN で入力の判別を行う際には、畳み込み演算、プーリング演算を行い入力から特徴量を抽出した結果を図 12.7 に示すように全結合層を用いて判別するクラス数のニューロンからなる出力層に結合させる。出力層ニューロンの活性化関数は様々なものを用いることができるが、クラス判別を行う際は出力層ニューロンの出力は式 (12.6) の **ソフトマックス (Softmax) 関数** を用いることが多い。

$$y_i = f(x_i) = \frac{e^{x_i}}{\sum_j e^{x_j}} \tag{12.6}$$

ソフトマックス関数は出力層ニューロンの各出力値は 0 以上 1 以下であり、出力値の合計が 1 となり、各出力は全体に対する割合、すなわち対応した判別クラスである確率とみなすことができる。これらの値は e^{x_i} 関数値で与えられるため滑らか（ソフト）であり、クラス判別を行う際にはその最大値（マックス）のクラスと判別するためソフトマックス関数とよばれる。

　学習はそれぞれの訓練入力がどのクラスに属するかを示す"1"を 1 個のみ含み、その他は全て"0"である one-hot ベクトルとよばれるベクトルを

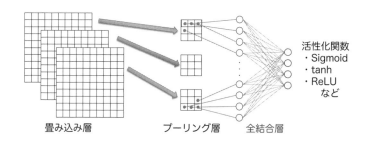

図 **12.7** CNN による入力のクラス判別

教師信号として、出力との平均二乗誤差もしくは式 (12.7) に示す**交差エントロピー誤差** (cross-entropy loss) が最小となるように学習を行う。

交差エントロピー誤差は出力を y_i、これに対応した教師信号を t_i とすると

$$E(\boldsymbol{y}) = -\sum_j t_i \log y_i \qquad (12.7)$$

で与えられる。交差エントロピーは出力 y_i の分布と教師信号 t_i の分布のずれを表す尺度である。二つの分布が同じであれば最小となる。それぞれの分布のずれを考えるのは平均二乗誤差を考えても同様であるが、二つの値のずれが大きい時にこの値が非常に大きな値として与えられるため、出力の変化に対して誤差の変化量が大きくなる。その結果、交差エントロピー誤差を使用することで勾配降下法による学習が非常に速くなることが期待される。

12.2 TensorFlow による多層ニューラルネットワークの実装

畳み込みニューラルネットワークを実装するため、ここでは Google 社が提供する機械学習モジュールである TensorFlow を用いる。TensorFlow では計算処理を計算グラフとして実行される。

前章では `scikit-learn` のニューラルネットワークツールで 2 次元データの二値分類する多層ニューラルネットワークを実装した。ここでは `tensorflow` で多層ニューラルネットを実装する。実装したプログラムを Program 12.1 に示す。またこのプログラムで実装した多層ニューラルネットワークを図 12.8 に示す。

▶[TensorFlow のインストール]
TensorFlow は以下のように pip でインストールをすることができる
>pip install tensorflow
なお、本書で取り扱っているプログラムは tensorflow version 2.2 で動作を確かめている。version の違いによって動作しないこともありうる。インストールする際に
>pip install
　　　tensorflow==2.2
と記述すると version 2.2 がインストールされる。

Program 12.1

```
 1
 2  # -*- coding: utf-8 -*-
 3  import numpy as np
 4  import matplotlib.pyplot as plt
 5  import sklearn.datasets
 6  import sklearn.metrics
 7  import tensorflow as tf
 8  import tensorflow.keras.utils
 9  from tensorflow.keras.models import Sequential
10  from tensorflow.keras.layers import Dense
11
12  np.random.seed( 1 )
13  data, label=sklearn.datasets.make_moons(n_samples=2000, shuffle=True, noise=0.15,
        random_state=1 )
14
15  data_train  = data[:1600]    # 最初の 1600個を学習データ
16  data_test   = data[1600:]    # 残りのデータを検証用データ
17  label_train = label[:1600]
18  label_test  = label[1600:]
19
20  model = Sequential([
21      Dense( 100, activation='sigmoid', input_shape=( data_train.shape[1],) ),
22      Dense(  10, activation='sigmoid' ),
23      Dense(   1, activation='sigmoid' ),
24  ])
25  model.compile( loss='mean_squared_error', optimizer='SGD', metrics=['accuracy'] )
26  history = model.fit( data_train, label_train, epochs=200, validation_data=(data_test,
        label_test) )
27
28  label_pred = model.predict( data_test )
29
30  plt.plot(history.history['accuracy'])
31  plt.plot(history.history['val_accuracy'])
32  plt.show()
```

　Tensorflow では多層ニューラルネットワークの構築法として Sequential
モデル、Functional API、サブクラスとして記述する方法がある。ここでは
Sequential モデルで多層ニューラルネットワークを構築する。Sequential
モデルは Sequential コンストラクタに多層ニューラルネットワークの層
のリストを引数として渡すとニューラルネットワークモデルが構築される。
例えば

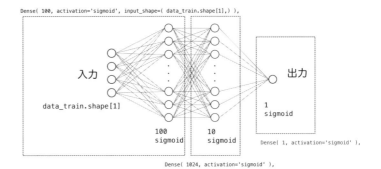

図 **12.8**　Program 12.1 の多層ニューラルネットワーク

```
model = Sequential([
    Dense( 100, activation='sigmoid', input_shape=( 2,) ),
    Dense(  10, activation='sigmoid' ),
    Dense(   1, activation='sigmoid' ),
])
}
```

と記述する。

　Dense は密結合層を意味し、その引数で層内のニューロン数、activation で活性化関数を、input_shape=(2,) で入力変数の形を指定（この場合は 2）することができる。2 層目以降は前層の出力がその層の入力となるため、層内のニューロン数と活性化関数のみをこの場合は指定している。したがって、上記の例では、入力が 2 次元で、それぞれ層内のニューロン数が 100, 10, 1 で活性化関数にシグモイド関数を用いた多層ニューラルネットワークが定義できる。

　このように構造を定義した多層ニューラルネットワーク (model) に対して学習のための方法のモデルを設定するのが compile メソッドである。

```
model.compile(loss='mse',optimizer='SGD',metrics=['accuracy'])
```

のように記述する。compile メソッドでは学習の際に評価する損失関数を loss で、最適化手法を optimizer で指定することができる。

　損失関数は loss='mean_squared_error' と指定すると平均二乗誤差 (mean squared error) が用いられる。この他に損失関数には mean_absolute_error、categorical_crossentropy、binary_crossentropy、kullback_leibler_divergence などを用いることができる。

　最適化手法は optimizer='SGD' と指定すると確率的勾配降下法 (stochastic gradient descent) が用いられる。この他に最適化手法には RMSprop、Adagrad、Adam などを用いることができる。

metrics は学習時とテスト時にモデルで評価する評価関数を指定できる。これはあくまでも表示に使われるだけであって学習時に参照されるものではないことに注意する。例えば metrics=['accuracy'] と指定すると学習時の更新ごとの精度がリストで得られる。

ニューラルネットワークの定義と compile メソッドまで実行するとデータセットを用いて学習を行うことができる。指定回数の学習を行うのが fit メソッドである。

```
model.fit( data_train, label_train, epochs=200, validation_data
    =(data_test, label_test) )
```

fit メソッドでは訓練データ (data_train) と訓練データの教師データ (label_train) を指定する。学習更新反復回数は epoch で指定する。また各学習結果の検証用のデータは validation_data=(検証用データの入力 , 検証用データの教師データ) で指定する。fit メソッドは各学習更新時の訓練データでの精度と損失、検証用データの精度と損失が戻り値リストとして得られる。例えば Program 12.1 のように fit メソッドの戻り値リストを history に格納すると、これを用いて以下のように記述すると訓練時および検証時の精度の時間変化のグラフが図 12.9 のように得られる。

```
plt.plot(history.history['accuracy'])
plt.plot(history.history['val_accuracy'])
plt.show()
```

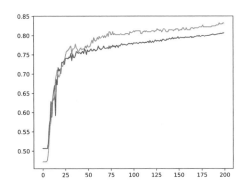

図 **12.9** tensorflow による多層ニューラルネットワークの学習時の訓練データおよび検証データの精度の変化

訓練済みのモデルを用いてテストデータの予測は predict メソッドで行うことができる。

```
label_pred = model.predict( data_test )
```

`predict` メソッドでは引数にテスト入力データを与えるとこのモデルの訓
練結果に基づいた出力として得られる。

12.3　TensorFlow による CNN の実装

　畳み込みニューラルネットワーク (Convolutional Neural Network, CNN)
を TensortFlow を用いて Sequential モデルとして実装する。

　前章の演習問題では scikit-learn に含まれる 10 種の手書き文字データ
を scikit-learn のニューラルネットワークツールの多層ニューラルネッ
トワークで認識を行なった。ここではこれらの手書き文字データを CNN
でクラス判別するプログラムを tensorflow で実装する。実装したプログ
ラムを Program 12.2 に示す。

Program 12.2

```
1   # -*- coding: utf-8 -*-
2   import numpy as np
3   import matplotlib.pyplot as plt
4   import sklearn.datasets
5   import sklearn.metrics
6   import tensorflow as tf
7   import tensorflow.keras.utils
8   from tensorflow.keras.models import Sequential
9   from tensorflow.keras.layers import Dense, Dropout, Reshape,
10  from tensorflow.keras.layers import Flatten, Conv2D, MaxPooling2D
11
12  digits = sklearn.datasets.load_digits() # 手書き文字データ
13  data_train  = digits['data'][:1600]    # 訓練用データ
14  data_test   = digits['data'][1600:]    # 検証用データ
15  label_train = digits['target'][:1600] # 訓練用ラベル
16  label_test  = digits['target'][1600:] # 検証用ラベル
17
18  label_num = label_train.max().astype( np.int16 ) + 1
19  one_hot_train = tf.keras.utils.to_categorical( label_train, label_num )
20  one_hot_test  = tf.keras.utils.to_categorical( label_test,  label_num )
21
22  model = Sequential([
23      Reshape( (8,8,1), input_shape=(64,) ),
24      Conv2D( 64, (3,3), padding='same', use_bias=True ),
25      Conv2D( 128, (3,3), padding='same', use_bias=True ),
```

```
26      MaxPooling2D( (2,2) ),
27      Flatten(),
28      Dense( 128, activation='relu' ),
29      Dropout( 0.5 ),
30      Dense( label_num, activation='softmax' ),
31  ])
32  model.compile( loss='categorical_crossentropy', optimizer='adam', metrics=['accuracy'] )
33  history = model.fit( data_train, one_hot_train, batch_size=40, epochs=200, validation_data
        =(data_test, one_hot_test) )
34
35  label_pred = model.predict( data_test )
36  print( sklearn.metrics.confusion_matrix( label_test, np.argmax( label_pred, axis=1 ) ) )
37
38  plt.plot(history.history['accuracy'])
39  plt.plot(history.history['val_accuracy'])
40  plt.show()
```

CNN の入出力データ

Program 12.2 では scikit-learn で利用可能な手書き文字データセットを使用している。このデータセットは 8×8 ピクセル、各ピクセルの明暗値が 0 から 16 の 17 段階で表現された 0 から 9 の 10 種類の手書き文字が 1779 枚で構成されそれぞれの画像に対してラベルが与えられている。これは

```
digits = sklearn.datasets.load_digits() # 手書き文字データ
```

と記述することで digit に辞書型リストとしてデータが保存される。このデータには画像の画素データならびにそれらのラベルが使用可能であるが

```
data_train  = digits['data'][:1600]    # 訓練用データ
data_test   = digits['data'][1600:]    # 検証用データ
label_train = digits['target'][:1600]  # 訓練用ラベル
label_test  = digits['target'][1600:]  # 検証用ラベル
```

で最初の 1600 枚の画像を訓練用として data_train に、残りの 179 枚の画像を検証用として data_test に格納される。それぞれの画像のラベルは label_train および label_test に保存される。

この画像データは 8×8 の 2 次元データであるが、data_train、data_test は要素が 64 の 1 次元ベクトル（テンソル）として保存されている。CNN での 2 次元畳み込みは 2 次元画像に対して行われるため、これを図 12.10 のように Reshape で 1 次元ベクトルを 2 次元ベクトルに変換する。

10 種類の手書き数字を識別するため各ラベルはその画像がどのクラスに

Reshape((8, 8, 1), input_shape=(64,)),

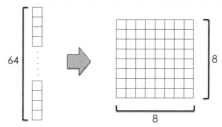

図 12.10 tensorflow の Reshape によるテンソルの shape の変換

属するかを示す"1"を 1 個のみ含み、その他は全て"0"である one-hot ベクトルに変換する。to_categorical メソッドを使用することで、整数値のラベルを one-hot ベクトルに変換できる。

```
one_hot = tf.keras.utils.to_categorical( label, 10 )
```

と記述すると整数値の label が 10 個の要素で構成された one-hot ベクトルに変換できる。これを利用して、訓練用、検証用のラベルをいづれも one-hot ベクトルに変換しておく。

Conv2D

2 次元畳み込み層は Conv2D で記述する。

```
Conv2D( filters, kernel_size, padding='same', use_bias=True ),
```

「filters」は 2 次元畳み込み層の出力のチャネル数であり、この層で用いられるカーネルの種類の数に等しい。

「kernel_size」でカーネルの大きさを 2 次元タプルもしくは整数で設定する。整数が指定された場合はその大きさの正方形のカーネルが適用される。例えば 3×3 の大きさのカーネルを用いる場合は (3,3) と記述する。

入力に対してデータの周りに 0 のデータを挿入し、出力サイズを変化させない場合は padding='same' を、0 のデータの挿入を行わない場合は padding='valid' を指定する。

2 次元畳み込みは入力値とカーネルの要素との積和演算で実現するがその際、バイアスを使用するかどうかを use_bias で設定する。use_bias=True ならば使用、use_bias=False ならば使用しない。

畳み込み演算時にカーネルの移動量は strides で指定する。strides は 2 次元タプルもしくは整数で設定する。整数が指定された場合は幅と高さで同値の移動量となる。strides を省略した場合は strides=1 となる。

Conv2D 層を最初の層に用いる場合は input_shape を使用し、入力の大

きさをタプルで指定する。

MaxPooling2D

　出力を縮小する処理のプーリングのうち指定された領域内の最大値を取り出す MAX プーリングは MaxPooling2D 層として実装する。

```
MaxPooling2D( pool_size ),
```

引数 pool_size でダウンスケールする幅、高さ方向の係数を指定する。例えば幅、高さそれぞれで大きさを半分にする場合には (2,2) と指定する。

Flatten

　2 次元 CNN を用いて分類を行う際、出力はどのクラスに属するかを Softmax 関数で判断すれば良いため、1 次元のデータであればよい。2 次元以上のデータを 1 次元のデータに変換するのが Flatten 層である。図 12.11 に 4 × 4 で 128 チャンネルあるデータを Flatten で一次元化する例を示す。

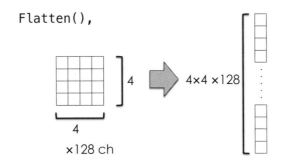

図 **12.11**　tensorflow の Flatten による 1 次元テンソルへの変換

Dropout

　ニューラルネットワークの学習では訓練用データに対して高い正解精度が得られるように学習が行われるが、訓練用データに対して過剰適合をしばしば起こす。過剰適合が発生すると訓練用データに対しては非常に高い正解精度が得られるが、検証用データでは精度が得られなくなる。このような問題の対処方法としては最適化関数の変更、学習率の変更、ネットワークの構造の変更、結合荷重の正則化など様々な方法が提案されているが、その中でも非常に簡素な仕組みで比較的高い効果が得られる方法が Dropout である。Dropout は一定の確率で複数のある入力を 0 とみなして学習を進めさせる正則化手法の一つである。

```
Dropout( 割合 ),
```

「割合」は 0 から 1 の間の浮動小数点数値で入力を 0 とする割合である。Dropout により過学習の抑制に効果がある。

出力層

　Program 12.2 では 10 種類の手書き文字数字の入力画像を 10 種類のクラスに判別を行う。そのため、教師データであるラベルは one-hot ベクトルを用いる。この教師データとの誤差を算出するため出力は 10 個のニューロンで構成し、活性化関数に Softmax 関数を用いてそれぞれの出力割合になる要素数が 10 のベクトルにしている。この出力ベクトルと教師データとで交差エントロピーで評価を行うため、損失関数には categorical_crossentropy を用い、最適化関数には adam を用いた。batch_size=40 として 1600 個の入力を 40 個ずつに分けて学習を行う、ミニバッチ学習を行ない、最大学習更新回数は 50 回とした。

　Program 12.2 で得られた訓練時および検証時の精度の時間変化のグラフを図 12.12 に示す。またこの時の**混同行列** (confusion matrix) を図 12.13 に示す。

▶[混同行列]
　分類問題において分類性能を可視化するための行列。各行に入力に対して予測した結果を表記する。（逆の場合もある）混同行列の対角線上の数値が正しく分類を行うことができた数値を示す。

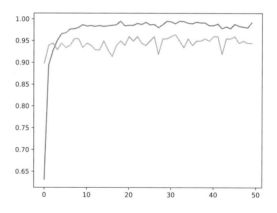

図 12.12　CNN で scikit-learn で使用できる手書き文字を判別した際の訓練データおよび検証データの精度の変化

　図 11.6 に示した多層ニューラルネットワークによる結果に比べ、図 12.13 では約 3%精度が向上している。これは僅かな向上に見えるが使用している結合荷重パラメータの総数は多層ニューラルネットワークと CNN を比較すると圧倒的に CNN が少なくなっており、CNN は少ない結合荷重パラ

```
Confusion Matrix:
[[17  0  0  0  0  0  0  0  0  0]
 [ 0 20  0  0  0  0  0  0  0  0]
 [ 0  0 18  0  0  0  0  0  0  0]
 [ 0  0  1 18  0  3  0  0  0  0]
 [ 0  0  0  0 19  0  0  0  0  3]
 [ 0  0  0  0  0 19  0  0  0  0]
 [ 0  0  0  0  0  0 22  0  0  0]
 [ 0  0  0  0  0  0  0 20  0  0]
 [ 0  0  0  0  0  0  0  0 17  0]
 [ 0  0  0  1  0  1  0  0  0 18]]
```

Accuracy:
188 / 197
95.43%

図 **12.13**　CNN による認識結果の混同行列によるまとめ

メータで高い性能が得られることを示唆している。

[12 章のまとめ]

この章では,

1. 畳み込みニューラルネットワーク
2. 畳み込み層の役割
3. プーリング層の役割
4. Softmax 関数
5. Dropout の役割
6. one-hot ベクトル

について学び、 CNN を tensorflow で実装しました。

12 章　演習問題

[演習 12.1]　32×32 の 10 種類クラスの画像 CIFAR-10 データーセット 60000 個のうち 50000 個を訓練用、残り 10000 個を検証用データとしてとして CNN で学習し、CNN の判別性能を混同行列で評価せよ。

　　CIFAR-10 データセットは以下のように tensorflow で利用可能である。

```
import tensorflow as tf
import tensorflow.keras.datasets

(data_train, label_train), (data_test, label_test) = tf.keras.datasets.cifar10.load_data()
```

これで data_train、data_test にそれぞれ 64×64 の大きさでカラーの画像がそれぞれ 50000 枚、10000 枚、そしてそれらのラベルが label_train、label_test に格納される。カラー画像であるので data_train の shape は $50000 \times 64 \times 64 \times 3$ である。

[**解** 12.1]　Program 12.3 は CNN を用いて CIFAR-10 の 10 種類のカラー画像を 50000 枚で判別訓練を行い、その学習結果を検証用データ 10000 枚で評価する。Program 12.3 は中間層は 3 層の畳み込み層、Max プーリング層、Dropout 層、2 層の全結合層で構成され、活性化関数は ReLU 関数、出力層の活性化関数のみ softmax 関数を用いている。損失関数にはカテゴリカル交差エントロピーを用い、最適化関数は adam を用いている。

Program 12.3

```
1   # -*- coding: utf-8 -*-
2   import numpy as np
3   import matplotlib.pyplot as plt
4   import sklearn.metrics
5   import tensorflow as tf
6   import tensorflow.keras.datasets
7   import tensorflow.keras.utils
8   from tensorflow.keras.models import Sequential
9   from tensorflow.keras.layers import Dense, Dropout, Reshape
10  from tensorflow.keras.layers import Flatten, Conv2D, MaxPooling2D
11
12  (data_train, label_train), (data_test, label_test) = tf.keras.datasets.cifar10.load_data()
13  data_train = data_train.astype( 'float32' ) / 255
14  data_test  = data_test.astype( 'float32' ) / 255
15  label_train = label_train.astype( 'int32' )
16  label_test  = label_test.astype( 'int32' )
17
18  label_num = 10
19  one_hot_train = tf.keras.utils.to_categorical( label_train, label_num )
20  one_hot_test  = tf.keras.utils.to_categorical( label_test,  label_num )
21
22  # ここで CNN を定義する
23  model = Sequential([
24      Conv2D( 32, (3,3), use_bias=True, activation='relu', input_shape=(32,32,3) ),
25      MaxPooling2D( (2,2) ),
26      Dropout( 0.25 ),
27      Conv2D( 64, (3,3), use_bias=True, activation='relu', ),
28      MaxPooling2D( (2,2) ),
29      Dropout( 0.25 ),
30      Conv2D( 128, (3,3), use_bias=True, activation='relu', ),
31      MaxPooling2D( (2,2) ),
32      Dropout( 0.25 ),
33      Flatten(),
34      Dense( 64, activation='relu' ),
35      Dropout( 0.5 ),
36      Dense( label_num, activation='softmax' ),
37  ])
38
39  model.compile( loss='categorical_crossentropy', optimizer='adam', metrics=['accuracy'] )
40  history = model.fit( data_train, one_hot_train, epochs=30, batch_size=1000, validation_data
```

```
      =(data_test, one_hot_test) )
41  label_pred = model.predict( data_test ).argmax( axis=1 )
42  print( sklearn.metrics.confusion_matrix( label_test, label_pred ) )
```

　Program 12.3 による訓練用データでの学習時の判別精度ならびに検証用データでの判別精度の時間変化を図 12.14 に示す。また検証用データを用いた際の混同行列を図 12.15 に示す。このモデルでは検証データ 10000 個中判別結果が正解であったデータは 7732 個で正解率は 77.32% であった。

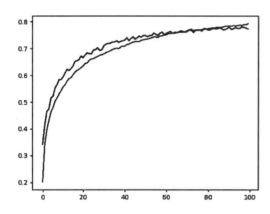

図 **12.14**　CNN による学習に伴う精度の変化

```
Confusion Matrix:
[[747    6   41   19   26    8    7   10  111   25]  1000  74.7%
 [ 16  816    6    8    3    5   12    1   50   83]  1000  81.6%
 [ 46    3  663   28  103   50   65   22   13    7]  1000  66.3%
 [ 15    4   67  546   78  165   64   21   22   18]  1000  54.6%
 [ 10    1   39   26  817   24   39   33   11    0]  1000  81.7%
 [  6    3   41  112   48  722   20   34    5    9]  1000  72.2%
 [  3    0   37   29   37   12  863    5   10    4]  1000  86.3%
 [ 12    1   27   24   78   56   10  774    7   11]  1000  77.4%
 [ 19    5   11    5    6    3    6    2  927   16]  1000  92.7%
 [ 18   34    9    7    5    6    8   10   46  857]]  1000  85.7%
    892  873  941  804 1201 1051 1094  912 1202 1030 10000
  83.7% 93.5% 70.5% 67.9% 68.0% 68.7% 78.9% 84.9% 77.1% 83.2%
```

図 **12.15**　CNN による認識結果の混同行列によるまとめ

A Google Colaboratory

A.1 Google Colaboratory

「Google Colaboratory」（略称 Colab）は Google 社が提供するブラウザから Python を記述、実行できるサービスである。このサービスは

▶[Google Colaboratory の概要]
https://colab.research.google.com/?hl=ja

- プログラミング環境構築が不要
- GPU を無料で使用可能
- 開発環境を複数人で共有可能

などの特徴がある。

　Google Colab は Jupyter Notebook と同等のユーザーインターフェースを有している。特にファイルの拡張子が .ipynb であるファイルは「ノートブック」と呼ばれ、Python のプログラムとデータ、またこれらのプログラムに付随する画像や説明テキストなどをまとめたものを使用することができる。このノートブックは Google Colab はもちろん、Jupyter Notebook, Jupyter Lab, IPython などでも開くことができる。ノートブックの例を図 A.1 に示す。図 A.1 は「Colaboratory へようこそ」という Google Colab の概要が説明されたノートブックである。

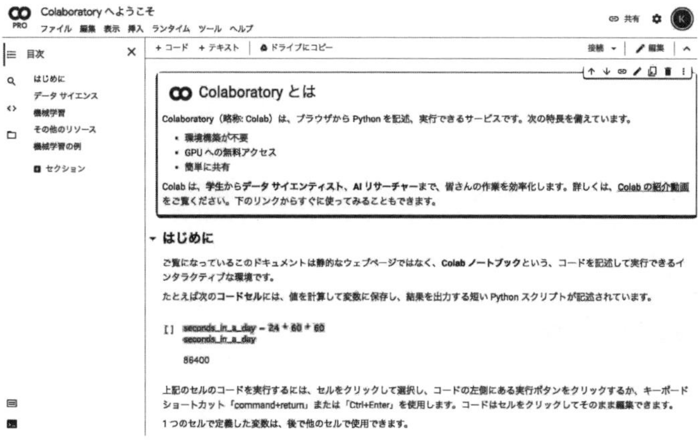

図 **A.1**　「Colaboratory へようこそ」のスクリーンショット

図 A.1 の中で

```
seconds_in_a_day = 24 * 60 * 60
seconds_in_a_day
```

と記述された部分（「セル」という）がプログラムコードである。このセル
を選択しコードの左側にある実行ボタンをクリックするか、キーボードで
「command+return」（Mac の場合）または「Ctrl+Enter」（Windows の場
合）のショートカットを使用すれば実行することができる。

A.2　Google Colaboratory の始め方

　Google Colab の使用に際しては使用する「ノートブック」を Google 社
のクラウドストレージサービスである「Google ドライブ」に保存する必要
がある。このため「Google ドライブ」にログインし、「Colab」を使用で
きるように設定を行う。なお Googel Colab を使用する際は Google 社の
Web ブラウザ「Google Chrome」が推奨されている。
　「Google ドライブ」「Google Colab」の設定の手順は以下の通り。

1.　「Google ドライブ」（https://www.google.co.jp/drive/）を開く。
2.　既に「Google ドライブ」を使用している場合は「ドライブに移動」、使
　　用していない場合は「ドライブを使う」を選択
3.　「Google アカウント」へのログインを要求された場合はログインする。
　　「Google アカウント」を持っていない場合は、アカウントを作成する。
4.　図 A.2 のように「Google ドライブ」左上の「新規」を選択し、「その
　　他」→「アプリを追加」で 図 A.3 に示す「Google Colaboratory」を
　　選択、インストールする。

以上で「Colab」は使用可能となる。

図 **A.2**　「Google ドライブ」

　「Colab」を使用する際は左上の「新規」を選択し、「その他」→「Google

図 **A.3**　アプリ追加で「Google Colaboratory ドライブ」

Colaboratory」を選択すれば新規の「ノートブック」が作成され、「セル」にコードを入力でき、実行することができる。

A.3　Google Colaboratory の環境

　Python でプログラムを使用する際には様々なパッケージを使用する。Colab の初期状態で使用可能なパッケージとそのバージョンはコードセルに

```
!pip list
```

と入力し、「実行」させると図 A.4 のように、使用可能なパッケージとそのバージョンが表示される。Colab ではコードセルに入力する際に先頭に「!」を付けることで Linux コマンドが実行できる。ただし Linux コマンドの中で cd コマンドだけは先頭に「%」を付ける必要がある。「pip」は Python のパッケージを管理するツールであり、「list」というオプションでインストール済みのパッケージの一覧が表示される。

　使用したいパッケージが含まれていない、もしくは使用したいパッケージのバージョンが異なる場合は、pip コマンドで以下のように入力すれば、そのパッケージをインストールすることができる。

```
!pip install パッケージ名 == バージョン
```

「== バージョン」は省略すると最新バージョンがインストールされる。例えば

```
!pip install mlxtend
```

と入力、実行すると拡張機械学習パッケージ mlxtend の最新版がインストールされ、

▶[主なコマンド]
!ls
　現在のフォルダ内のフォルダとファイルの表示
!pwd
　現在のフォルダのパスの表示
%cd パス
　フォルダの移動
%cd ..
　一つ上のフォルダに移動
!mkdir -p フォルダ名
　フォルダの作成
!zip -p ZIP ファイル名 フォルダ名
　フォルダ内容を ZIP で圧縮する
!unzip ZIP ファイル名
　ZIP ファイルを解凍する
!pip install パッケージ名 == バージョン
　パッケージのインストール
!pip uninstall パッケージ名
　パッケージのアンインストール
!pip list
　インストール済のパッケージ一覧
!nvidia-smi
　使用可能な GPU の状態の確認

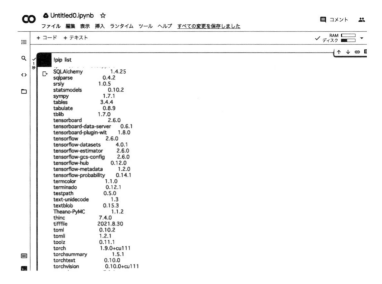

図 **A.4**　Colab で使用可能なパッケージの pip による表示

```
import mlxtend
```

と記述することで使用可能となる。

　Colab を使用する際に「Google ドライブ」を認識し、利用可能にすることを「**マウント**」という。Colab でディスクをマウントするためには図 A.5 で矢印で「フォルダ」と示した左端のフォルダアイコンをクリックし、丸で囲んだ「Google ドライブ」アイコンのついたフォルダアイコンをクリックすることでマウントできる。マウント完了後に現れる「drive」フォルダがマウントされた「Google ドライブ」である。

図 **A.5**　Google ドライブのマウント

　なお Colab はデフォルトでは通常の CPU で計算が行われるが、GPU を使用する際には「ランタイム」の「ハードウェア アクセラレータ」を GPU に変更すれば良い。本書で紹介したプログラムでは tensorflow を使用したプログラムは GPU が使用できる。

A.4　Google Colaboratory の制約

Colab は無料で使用することができるが以下の制限がある。

- RAM 容量：12GB
- ディスク：CPU/TPU では最大 107GB、GPU では最大 68GB
- 90 分操作しなかった場合リセット
- インスタンスを起動して 12 時間経過するとリセット
- GPU の使用量が多くなった場合リセット

上記の制限は Colab の有償版である「Colab Pro」を使用すると緩和される。

B　Python入門

B.1　条件分岐と繰り返し

プログラムの基本は条件分岐と繰り返しである。

条件分岐制御

条件分岐は下記のように if 文、if～else 文を使用する。なお else: 以降は省略可である。

```
if 条件:
    条件が True である場合の処理
else:
    条件が False である場合の処理
```

条件に応じた処理は文頭から**インデント（字下げ）**部分をブロックとして実行される。

また**多重条件分岐**として下記のような書き方もできる。

```
if 条件 1:
    条件 1 が True である場合の処理
elif 条件 2:
    条件 1 が False で条件 2 が True である場合の処理
else:
    条件 1 が False で条件 2 が False である場合の処理
```

条件は表 B.1 に示す**比較演算子**が用いられる。

複数の条件を指定する場合は表 B.2 に示す**論理演算子**を使用して条件を記述する。

繰り返し制御

Python の**繰り返し**制御は for 文に依る方法と while 文に依る方法がある。

while 文は次のように記述する。

```
while 条件:
    処理
```

「条件」が True であるときに、ブロック内の「処理」を繰り返す。

for 文は次のように記述する。

▶[インデント（字下げ）]
　Python では文頭から同じ量の空白のインデントされた部分を「ブロック」として取り扱われる。「半角空白 4 文字」などとされているが、何文字でも良い。ただし、同じブロックのインデントは全て揃えなければならない

▶[for 文]
　C 言語等では for 文はカウンタ変数と繰り返し条件を記述するが、Python ではイテラブルオブジェクト（繰り返し可能なオブジェクト）を使って繰り返す。

表 B.1 比較演算子

演算子	True
==	左辺と右辺の値が等しい
!=	左辺と右辺の値が等しくない
<	左辺が右辺より小さい
<=	左辺が右辺より小さいか等しい
>	左辺が右辺より大きい
>=	左辺が右辺より大きいか等しい
in	左辺が右辺に存在する
not in	左辺が右辺に存在しない
is	左辺と右辺が等しい
is not	左辺と右辺が等しくない

表 B.2 論理演算子

演算子	True
and	右辺と左辺が共に True
or	右辺と左辺のどちらかが True
not	右辺が False

```
for 変数 in イテラブルオブジェクト:
    処理
```

「イテラブルオブジェクト」から要素を一つずつ取り出し、「変数」に代入したのち、「処理」を行う。「イテラブルオブジェクト」の要素全てを取り出すまで繰り返される。

　「イテラブルオブジェクト」とは要素を一つずつ取り出して処理ができる複数の要素からなるオブジェクトのことである。Python で使用可能な「イテラブルオブジェックト」には

● リスト
● タプル
● 辞書
● 集合
● 文字列
● range 型

などがある。以下を実行させ、その結果を確認せよ。

```
# リスト
l = [1, 2, 3]
for i in l:
    print( i )
# タプル
t = (1, 2, 3)
for i in t:
    print( i )
# 辞書
d = {'1':'one', '2':'two', '3':'three'}
for i in d:
    print( i )
# セット（集合）
s = {'one', 'two', 'three'}
for i in d:
    print( i )
# 文字列
str = 'japan'
for i in str:
    print( i )
#range 型
for i in range( 5 ):
    print( i )
```

range 型は range(開始値，停止値，間隔) と指定することで「開始値」から「停止値」−1 まで「間隔」で指定した増分の値の列が得られる。「開始値」と「間隔」は省略可で、省略された場合「開始値」は 0、「間隔」は 1 となる。

　繰り返し構文では処理を強制的に終了させる必要がある場合がある。そのような場合には 繰り返し処理の中に if 文と break 文を用いることで処理を強制終了させることができる。break があると、そこで「処理」は強制終了し、そのブロックから抜ける。

　break 文を繰り返し制御（while 文、for 文）に使用した際は else 文も使用できる。これは繰り返しが break で強制終了しなかった場合に行う処理を記述できる。

```
for i in range( 20 ):
    if (i+1)\%10 == 0:
        break
else:
    print( i )
```

上記では for 文で本来は 20 回処理を繰り返すが、if 文の「条件」
（(i+1)%10==0）が True となると break が実行され、for 文の「処理」
のブロックから抜ける。上記の例では必ず if 文の「条件」が True である
場合があるが、もし True になることなく 20 回の繰り返し処理が実行され
た場合は else 文のブロックの「処理」（print(i)）が行われる。

B.2　データ型

　コンピュータに数値を記憶させる際、その数値に応じたメモリの大きさ
および数値の表現方法を考える必要がある。このため記憶させる数値に応
じて変数の仕組みを変える必要がある。どのような数値を記憶させられる
かを変数の**データ型**という。Python は**動的型付け言語**であるため、変数の
型は明示せず、代入される数値によって表 B.3 に示すような型に決まる。

▶[データ型]
　C 言語や Java 言語などコ
ンパイラ型のプログラミング
言語は**静的型付け言語**が多い。
このためこれらの言語はプロ
グラムの生成時に変数の型が
決定しており、データ型が間
違っていないかをコンパイラ
でチェックする。
　これに対し、インタプリタ
型言語では実行時にデータ型
が決まるため、プログラムの
記述が楽になる反面、バグが
生じやすいため注意が必要で
ある。

表 **B.3**　Python のデータ型

型の種類		内容
数値型	整数型 (int)	小数点以下の数値が無い数値
	浮動小数点型 (float)	小数点以下の数値を持つ数値
ブール型 (bool)		True（真）と False（偽）の 2 値
文字列型 (str)		一つ以上の文字を ' もしくは " で囲む

　　　　例えば

```
n - 53          # 整数型
x = 3.14        # 浮動小数点型
b = ( 1 < 2 ) # ブール型
str = 'Hello' # 文字列型
```

である。

B.3　データ構造
データ構造

　Python には複数のデータ型を組合せて一つにできる表 B.4 に示すよう
な**データ構造**がある。**リスト型**、**タプル型**は他のプログラミング言語では
配列と呼ばれているものに近い。ただし、他のプログラミング言語の配列
では要素は全て同じデータ型である必要がある場合が殆どであるが、異な
るデータ型を使用できる点が異なる。**辞書型**は他のプログラミング言語で
は連想配列、ハッシュテーブルと呼ばれているものである。

表 **B.4**　Python のデータ構造

データ構造	表記	内容
リスト型	角カッコ（[ ]）で囲む 各要素はカンマ（,）で区切る	インデックスで各要素をアクセス 要素の書き換えができる 異なるデータ型を混在できる `data=[1, 2, 3.14]`
タプル型	丸カッコ（( )）で囲む 各要素はカンマ（,）で区切る	インデックスで各要素をアクセス 要素の書き換えができない 異なるデータ型を混在できる `data=(1, 2, 3.14)`
辞書型	波カッコ（{ }）で囲む キーと値の組合せで記録 各要素はカンマ（,）で区切る	キーで各要素をアクセス 要素の書き換えができる 異なるデータ型を混在できる `data={1:'one', 2:'two'}`

リスト型、タプル型の操作

　機械学習ではデータを操作する必要が多い。その際にはリスト型、もしくは後述する NumPy の多次元配列 ndarray が多用される。ここではまず、リスト型の操作について説明する。

　リスト型、タプル型はインデックスで各要素にアクセスできる。インデックスは先頭が 0 で要素数を N とすると最後は N-1 である。例えば

```
data_list = [1, 2, 3, 4, 5]
data_tuple = (1, 2, 3, 4, 5)
```

とすると `data_list[2]` は 3、`data_tuple[1]` は 2 である。

　リストは要素を指定すれば `data_list[2]=6` で代入することができ、`data_list=[1, 2, 6, 4, 5]` となる。これに対してタプルは定数であるため `data_tuple[2]=6` はエラーとなり代入できない。リストはさらに表 B.5 のように要素の追加、挿入、削除ができる

表 **B.5**　リストの要素の操作

操作	表記
指定した要素の値の変更	リスト名 [インデックス] = 値
要素の末尾への追加	リスト名.append(値)
要素の指定位置への挿入	リスト名.insert(位置 , 値)
指定した要素の削除	del リスト名 [インデックス]
指定した値の要素の削除 （複数合致した場合は先頭）	リスト名.remove(値)

　リスト、タプルはコピーすることができるが、その振る舞いに注意が必要である。

```
data_list = [1, 2, 3, 4, 5]
data_list2 = data_list
```

と data_list2 に data_list を代入することができ、その内容は一致する。しかしこれはリストが二つになった訳ではなく、メモリ上の同一のリストの位置を示す内容がコピーされており、これら二つは同一のリストとなる。すなわち data_list[2]=6 と代入すると、 data_list=[1, 2, 6, 4, 5] となる。現在あるリストの内容をコピーした新たなリストを作成するためには

```
新たなリスト名 = list( 元のリスト名 )
```

もしくは

```
新たなリスト名 = 元のリスト名.copy()
```

と記述する。

リストの連結とスライス

　二つのリストは以下のように + 演算子で連結できる。

```
新たなリスト名 = リスト名1 + リスト名2
```

上記の方法では二つのリストを連結した新たなリストが生成されるが、下記のように記述すると「リスト 1」に「リスト 2」を連結させることができる。

```
リスト名1.extend( リスト名2 )
```

```
リスト名1 += リスト名2
```

　スライス (slice) を使うとリストからインデックスの範囲を指定して取り出すことが出来る。

```
リスト名 [ 開始値 : 停止値 : 間隔 ]
```

「開始値」は省略すると先頭を、「停止値」は省略すると末尾を、「間隔」は省略すると1となる。間隔は負の値を設定するとリストデータが逆順となる。全要素逆順のリストはリスト名 [::-1] もしくはリスト名.reversed() で得られる。例えばリスト data のスライスでそれぞれ新たなリストを下記のように生成できる。

```
data = [1, 2, 3, 4, 5, 6, 7, 8 ]
former = data[:3]
middle = data[2:5]
last = data[4:]
even = data[1:8:2]
reverse = data[5:2:-1]
```

それぞれのリストの内容は

```
former = [1, 2, 3]
middle = [3, 4, 5]
last = [5, 6, 7, 8]
even = [2, 4, 6, 8]
reverse = [6, 5, 4]
```

である。このスライスは連結させて使用することもできる。

　また「リスト内包表記」(comprehension) を使ってリストを操作して新たなリストを生成するということもできる。「リスト内包表記」は以下のように表記する

```
[ 式 for 変数 in リスト if 条件 ]
```

上記のように記述すると「リスト」内の要素を「変数」に取り出し、「条件」が True であれば「式」の値を新たな要素とするリストができる。
　また、「リスト内包表記」は以下のような表記もできる

```
[ 式1 if 条件 else 式2 for 変数 in リスト  ]
```

これは「リスト」内の要素を「変数」に取り出し、「条件」が True であれば「式1」、False であれば「式2」の値を新たな要素とするリストができる。

```
data = [1, 2, 3, 4, 5, 6, 7, 8 ]
tri = [ k for k in data if k\%3==0 ]
data2 = [k if k\%3==0 else 0 for k in data ]
```

と記述するとリスト data 内の要素で 3 で割り切れるものだけを取り出されたリスト tri と割り切れなかった要素は 0 に置き換えた data2 が生成される。それらのリストは以下のような内容である。

```
tri = [ 3, 6 ]
data2 = [0, 0, 3, 0, 0, 6, 0, 0]
```

となる。

B.4 NumPy `ndarray`
　機械学習では様々なデータを取り扱うが、そのためにリストよりも高度

なデータ構造を取り扱う必要がある。このような目的のため **NumPy** というモジュールが使われることが多い。NumPy は数値計算を効率的に行うためのモジュールである。NumPy を使用する際にはモジュールを以下のようにインポートする。なお慣例的にインポートする際に末尾に `as np` と記述する。このように記述することで使用する際には `np` で使用できるようになる。

```
import numpy as np
```

NumPy では様々な数値演算関数と共にリストに似たデータ構造の `ndarray` と呼ばれる配列が使用できる。通常のリストは `np.array` 関数で `ndarray` に変換できる。

```
list = [ 1, 2, 3, 4, 5]
nd_list = np.array( list )
```

`ndarray` の操作には表 B.6 のようなメソッドが使用できる。

表 **B.6** NumPy の `ndarray` 操作のメソッド（`np.` は省略）

メソッド	内容
array()	ndarray 配列の生成
zeros(shape)	shape 形状で要素が全て 0 の配列の生成
ones(shape)	shape 形状で要素が全て 1 の配列の生成
arange(開始値, 停止値, 間隔)	range 関数同様の ndarray 配列の生成
linspace(開始値, 停止値, 個数)	「開始値」と「停止値」間の要素数が「個数」の配列
insert(配列, 位置, 値)	「配列」の「位置」に「値」を挿入
append(配列, 値)	「配列」の末尾に「値」を追加
delete(配列, 位置)	「配列」の「位置」の要素を削除
reshape(配列, shape)	「配列」を shape 形状に変換
append(配列, 値)	「配列」の末尾に「値」を追加
concatenate([配列 1, 配列 2], axis)	結合したい「配列」のリストを axis 軸で結合
stack([配列 1, 配列 2])	新たな軸で「配列」のリスト内容を結合
vstack([配列 1, 配列 2])	「配列」のリストを縦方向に結合
hstack([配列 1, 配列 2])	「配列」のリストを横方向に結合
dstack([配列 1, 配列 2])	「配列」のリストを深さ方向に結合

`ndarray` のデータ操作には表 B.7 のようなメソッドが使用できる。

表 **B.7**　NumPy の `ndarray` のデータ操作のメソッド（`np.` は省略）

メソッド	内容
`sum( axis )`	`axis` 軸で要素の合計値を求める
`mean( axis )`	`axis` 軸で要素の平均値を求める
`std( axis )`	`axis` 軸で要素の標準偏差を求める
`var( axis )`	`axis` 軸で要素の分散を求める

索　引

【欧文】
AdaGrad 法, 132
Adam 法, 132
break 文, 177
CNN, 152
Colaboratory, 169
compile メソッド, 158
conda, 7
Conv2D, 162
Dense, 158
Dropout, 163
elif, 175
else, 175
ELU 関数, 142
Fisher の線形判別分析法, 82
fit メソッド, 159
Flatten, 163
for〜else, 177
for 文, 175
Google Colaboratory, 4
Google ドライブ, 170
if〜else, 175
if 文, 175
k-分割交差検証, 40
Karush-Kuhn-Tucker 条件, 98
KKT 条件, 98
L1 ソフトマージン SVM, 97
L1 ノルム, 42
L2 ソフトマージン SVM, 97
L2 ノルム, 42
Leaky ReLU 関数, 142
LeNet, 152
MAP 推定法, 58
matplotlib, 7, 8
MaxPooling2D, 163
MAX プーリング, 155
MLP, 129
mlxtend, 99
Momentum 法, 132
MSE, 21
ndarray, 182
ndarray 操作のメソッド, 182
ndarray のデータ操作, 182
NumPy, 7, 8, 182

one-hot ベクトル, 162
padding, 154
pip, 7, 171
pooling, 155
predict メソッド, 159
Python, 3
range 型, 177
RBF, 66
RBF カーネル, 104
ReLU 関数, 142
RMSProp 法, 132
scikit-learn, 11
Sequential モデル, 157
Softmax 関数, 155
stride, 154
SVM, 92
tanh 関数, 131
TensorFlow, 156
to categorical メソッド, 162
while〜else, 177
while 文, 175

【あ行】
イテラブルオブジェクト, 176
インデント, 175
オーバーフィッティング, 40
オンライン学習, 119
オンライン処理, 132

【か行】
カーネル, 152
カーネル SVM, 104
カーネル関数, 71, 104
カーネルトリック, 71
カーネル法, 71
回帰, 20
ガウス関数, 66
学習, 20, 78
学習係数, 115
確率的勾配降下法, 115
確率的降下法, 132
過剰適合, 40
基準化, 6
基準化変量, 6

基底関数, 65
強化学習, 3
教師あり学習, 2
教師なし学習, 2
共分散, 7, 23
許容解, 94
寄与率, 11
近似直線, 23
クラス間共分散, 82
クラス内共分散, 83
繰り返し, 175
訓練用データ, 40
検証用データ, 40
交差エントロピー誤差, 156
交差検証, 40
勾配降下法, 119
勾配消失, 142
勾配消失問題, 140, 142
誤差逆伝播法, 130
固有値固有ベクトル分解, 11
混同行列, 146, 164

【さ行】
最小二乗法, 24
最大事後確率推定法, 58
最尤推定法, 55
サポートベクターマシン, 92
サポートベクトル, 94
シグモイドカーネル, 104
シグモイド関数, 118, 141
次元圧縮, 10, 11
辞書型, 178
指数関数的線形ユニット, 142
実行可能解, 94
重回帰, 24
主成分分析, 10
順伝播型ニューラルネットワーク, 130
条件分岐, 175
ストライド, 154
スライス, 180
スラック変数, 96
正規化, 6
正規直交基底, 66
正則化, 42, 72
静的型付け言語, 178
説明変数, 20
線形カーネル, 104
線形回帰, 24
線形判別法, 80
線形分離不可能, 128
相関係数, 7, 9
双曲線正接関数, 131
ソフトマージン SVM, 97
ソフトマックス関数, 155

【た行】
第 1 主成分, 10
対数尤度関数, 54, 118
多項式カーネル, 104
多重条件分岐, 175
多層ニューラルネットワーク, 130
多層パーセプトロン, 129, 130
畳み込みニューラルネットワーク, 152
タプル型, 178
タプルのコピー, 180
単回帰, 24
チャネル, 153
データ型, 178
データ構造, 178
動径基底関数, 66
動的型付け言語, 178

【な行】
ネオコグニトロン, 152

【は行】
パーセプトロン, 114
パーセプトロンの収束定理, 115
ハードマージン SVM, 95, 97
ハイパーパラメータ, 144
バッチ学習, 119
バッチ処理, 132
パディング, 154
汎化性能, 40
比較演算子, 175
非線形 SVM, 103
標準化, 6
標準化変量, 6
標準偏差, 6
標本分散共分散行列, 8
プーリング, 155
不偏分散, 6
不偏分散共分散行列, 8
分散, 6, 23
分散共分散行列, 8
分離超平面, 78
分離直線, 78
分離平面, 78
分類問題, 78
平均, 6
平均値プーリング, 155
平均二乗誤差, 21
ホールドアウト法, 40

【ま行】
マージン, 92
マージンパラメータ, 97
マウント, 172
ミニバッチ学習, 119

ミニバッチ処理, 132
目的変数, 20

【や行】
尤度関数, 53
要素の削除, 179
要素の挿入, 179
要素の追加, 179
予測誤差, 21

【ら行】
ラグランジュ未定乗数法, 94
ラッソ回帰, 42
ラプラシアンフィルター, 153
ランプ関数, 142
リスト型, 178
リスト内包表記, 27, 181
リストのコピー, 180
リストの連結, 180
リッジ回帰, 42
累積寄与率, 11
ロジスティック回帰, 119
ロジスティック関数, 141
論理演算子, 175

◆著者紹介

神野 健哉 (じんの けんや)

1991 年　法政大学工学部電気工学科卒業
1996 年　法政大学大学院工学研究科博士後期課程電気工学専攻修了　博士（工学）
1996 年　上智大学理工学部電気電子工学科助手
1999 年　日本工業大学工学部電気電子工学科講師
2002 年　日本工業大学工学部電気電子工学科助教授
2011 年　日本工業大学工学部電気電子工学科教授
2018 年　東京都市大学知識工学部情報通信工学科教授
2020 年　電子情報通信学会フェロー
現　　在　東京都市大学情報工学部知能情報工学科教授

専門分野は非線形工学、人工ニューラルネットワーク、機械学習など。著書「基本からわかる信号処理」（共著, オーム社）「電気回路 独解テキスト」（共著, オーム社）「わかりやすい電気回路」（共著, コロナ社）

編集　伊藤 雅英

Pythonでプログラミングして理解する 機械学習アルゴリズム

2022 年 2 月 28 日　　初版第 1 刷発行

著　者　　神野 健哉
発行者　　大塚 浩昭
発行所　　株式会社近代科学社
　　　　　〒101-0051 東京都千代田区神田神保町1丁目105番地
　　　　　https://www.kindaikagaku.co.jp

印刷・製本　藤原印刷株式会社

ストラング：
線形代数とデータサイエンス

著者：ギルバート・ストラング　　　訳者：松崎　公紀

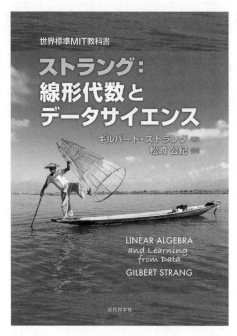

B5 判・496 頁・定価 7,500 円＋税

データサイエンティストが知っているべき，情報時代に必須の線形代数教科書！

　本書は，『ストラング：線形代数イントロダクション』の原著者ギルバート・ストラング MIT 教授が，データサイエンスの基礎を成す数学（線形代数，確率・統計，最適化）を解説した専門書．

　データサイエンスの要となるのはニューラルネットワークおよび深層学習であり，その根幹を理解するために線形代数を深く学ぶことが重要となる．深層学習の解説書は多数あるが，その根底にある数学まで徹底的に解説した書籍はほとんどない．

　本書は，線形代数の発展的教科書として，またデータサイエンティストを志す読者が線形代数を学ぶための教科書としてふさわしい一冊である．

あなたの研究成果、近代科学社で出版しませんか？

▶ 自分の研究を多くの人に知ってもらいたい！
▶ 講義資料を教科書にして使いたい！
▶ 原稿はあるけど相談できる出版社がない！

そんな要望をお抱えの方々のために
近代科学社 Digital が出版のお手伝いをします！

近代科学社 Digital とは？ ■■■■■■■■■■■■■■■■

ご応募いただいた企画について著者と出版社が協業し、プリントオンデマンド印刷
と電子書籍のフォーマットを最大限活用することで出版を実現させていく、次世代
の専門書出版スタイルです。

近代科学社 Digital の役割 ■■■■■■■■■■■■■■■■

執筆支援 編集者による原稿内容のチェック、様々なアドバイス
制作製造 POD 書籍の印刷・製本、電子書籍データの制作
流通販売 ISBN 付番、書店への流通、電子書籍ストアへの配信
宣伝販促 近代科学社ウェブサイトに掲載、読者からの問い合わせ一次窓口

近代科学社 Digital の既刊書籍 （下記以外の書籍情報は URL より御覧ください）

電気回路入門
著者：大豆生田 利章
印刷版基準価格(税抜)：3200円
電子版基準価格(税抜)：2560円
発行：2019/9/27

DX の基礎知識
著者：山本 修一郎
印刷版基準価格(税抜)：3200円
電子版基準価格(税抜)：2560円
発行：2020/10/23

理工系のための微分積分学
著者：神谷 淳 / 生野 壮一郎 /
仲田 晋 / 宮崎 佳典
印刷版基準価格(税抜)：2300円
電子版基準価格(税抜)：1840円
発行：2020/6/25

詳細・お申込は近代科学社 Digital ウェブサイトへ！
URL：https://www.kindaikagaku.co.jp/kdd/index.htm